心の不調が消える

聞くだけ音トレ！

そのストレスや
イライラ…
いつも聞いている音が
原因です

小松正史 著
京都精華大学教授・音響心理学者

フォレスト出版

まえがき　不調を生み出す音から自分を守る

いま、あなたの心理はどんな状態ですか？

イライラしているのなら、原因は何ですか？

職場のトラブル・過労・加齢など、人それぞれの悩みがあると思います。

私は、**心の不調の原因のほとんどが「音」にある**と考えています。

どうしてそういえるのでしょうか？

現代人の多くは、視覚ばかりに気を取られ、目に神経を集中して情報を得ています。それに比べ、音を聞くことに注意を払う人は多くありません。

会話や音楽のような「目立つ音」には価値を置きます。一方で、物音や自然音などの「目立たない音」には、見向きもしません。私たちは、「音の聞き方」に無自覚で、アンバランスな状態にいるのです。

耳は、まぶたのように閉じることができません。刺激の強い音が耳に入っても、防ぎようがないのです。

これまで無意識に取り込んできた数々の音の刺激は脳に蓄積され、許容量を超えると**聴覚疲労**が引き起こされます。眼精疲労で心理的な不調が発生するのと同じように、聴覚疲労でも似た症状が起きるのです。

私たちは「音を聞くこと」に無自覚な状態にいます。このままでは、人の心理に悪影響を及ぼす音を避けることはできません。**人の心理をネガティブにさせる不快な音が、日々の生活の中で自動的に脳に取り込まれているのです。**

ネガティブな音の刺激を脳に入力し続けば、イライラや疲れなどの心理状態を引き起こしやすくなります。たとえば、ＨＳＰ（繊細さん）、不眠、緊張や不安を感じやすい人は、音が悪影響を及ぼしている可能性が高いのです。

音に関係なさそうな心身の不調でも、よくよく調べると、音がネガティブな心理面を増長させている場合が多々あります。

「不快音」は騒音だけではない

本書では、ネガティブな心理状態の不快感を減らすために、どんな音の聞き方をしたらよいのかを具体的に紹介します。

音から引き起こされる不快感は、騒音にとどまりません。

たとえば、聴覚過敏（些細《ささい》な音でも敏感に感じやすい症状）や、耳鳴り。症状の重い方は専門医に相談することが望ましくはあります。

本書では、不定愁訴《ふていしゅうそ》（倦怠感《けんたいかん》、頭痛、微熱感、不眠、のぼせ、耳鳴り、動悸《どうき》などの自覚症状がありながら、検査をしてもその原因がわからない状態）のように、**生活するうえで深刻な影響をもたらさない軽度の症状の方に対して、薬や通院に頼らずに音の不快をやわらげるための簡易な解決法を提案**していきます。

2つの「音のトレーニング」

音の不快を抑える具体的な方法とは、「音の聞き方（＝耳の使い方）」を変えることです。要するに、特定の音に対する注意を、別の音に切りかえるのです。イヤな音があれば、その音をできるだけ意識せずに生活する方法があるのです。

私はこうした方法を、「音のトレーニング」と呼んでいます。詳しく説明すると、**「能動的な音のトレーニング〈アテンション・メソッド〉」**と、**「受動的な音のトレーニング〈マスキング・メソッド〉」**の2種類があります。

アンテンション・メソッド

いま気づいている音への**注意力を自在に切りかえる方法**です。視覚で説明すれば、視点を変えることに該当します。

たとえば、いま、目の前の机を見ているとします。視点を遠くの山に切りかえるといったように、聞こえる音の遠近感（空間知覚）を変えやすくする方法です。聴点を変える方法、といってもいいでしょう。

―マスキング・メソッド

イヤな音に別の音をかぶせる（重畳《ちょうじょう》する）ことで、心理的に不快感を減らす方法です。耳鳴りの症状でいえば、別の音に意識を向けることで、耳鳴りそのものへの注意をそらすやり方です。

本書では、**各症状に適切な15の音源**を制作し、ＱＲコードやＵＲＬの入力でパソコンやスマホ、タブレットなどの端末で聞けるようになっています。

音は毒にも薬にもなる

これらのメソッドを開発するうえでは、私が専門とする「音響心理学」がベースとなっています。聞き慣れない学問かと思われますが、音の物理的な量と心理的特性との関係を明らかにする学問領域です。

音が聞こえる感覚は、脳の中で発生します。空気中にあるのは音ではなく、たんなる波動にすぎません。空気中にある波動を耳（正確には鼓膜）で受け取り、聴覚神経を経由して脳で知覚・認知されます。それを経て、ようやく「音が聞こえる」という感覚が生まれます。この現象をアメリカの哲学者ディーン・ルディアは、「すべての音は人の心から生まれる」と表現しました。

心の不調を好転させる音のトレーニングは、脳の使い方を変えるメカニズムを応用しているのです。本書では、人が音を知覚・認知する特性をふまえ、音トレーニングのメソッドをわかりやすく紹介していきます。

「音の聞き方」を変えることで、ネガティブな心理状態がポジティブに好転することを、心から願っています。


京都精華大学教授・音響心理学者・博士（工学）・環境音楽家　小松 正史

もくじ

プロローグ

すべてのベースは「音の聞き方（音トレ）」にある！

第1章

ネガティブな気持ちを整える音トレの心理学的効果

第2章

イヤな音をシャットアウトする2つの音トレ

第3章

どんな不調も消し去る9つの症例別音トレ

第4章
じぶんを高めるポジティブな聞き方

音源制作・写真撮影　小松正史
装丁・本文デザイン　山之口正和（ＯＫＩＫＡＴＡ）
装画　山内庸資
イラスト作成　柴田昌達（オフィスシバチャン）
表組作成　富永三紗子
ＤＴＰ　フォレスト出版編集部

プロローグ

すべてのベースは「音の聞き方（音トレ）」にある！

◌ あなたの脳は音のせいでパンク寸前

「これまであなたは、『音の聞き方』を学んだことはありましたか?」

私が音についてレクチャーするとき、よくする質問です。たいていの人はきょとんとします。

「学んだことがないな。音といえば、音楽の授業や語学の発音くらいかな?」と答えます。

多くの人にとって、音の世界は、「目立つ音」や「意味のある音」です。それ以外はスルーされています(本当のことをいえば、脳はいったんすべての音を受け止めているのですが……)。

どうして、目立たない音や無意味な音は、無視されるのでしょうか。理由は2つあります。

1つは、すべての音を受け止めると脳がパンクしてしまうので、脳が生理的に情報を間引いているからです。もう1つは、情報として価値のない音はムダで、注意を向ける必要がないと脳が自動的に判断しているからです。

脳には、不思議な力があります。情報をスルーすることに長《た》けているのです。「ながら勉強」が典型でしょう。音楽を聞きながら文章を書いたり、パソコンで複数のソフトを立ち上げながらマルチタスクすることは、日常茶飯事です。

厳密にいうと、意識的な作業を同時にはこなせません。一つひとつの作業を時々刻々器用に切りかえながら、シングルタスクをします。マルチタスクは、シングルタスクの集積なのです。

脳は、外界からの刺激を入力するとき、多くのエネルギーを費やしています。器用にスルーできているように見えて、**実のところ脳に過剰な負担をかけています。**

耳から入ってきた音の情報は、いったんすべて脳に取り込まれてしまうからです。音を無視するのにも、相応のエネルギーがかかっているのです。

◌ 音を無自覚に聞くことの恐ろしさ

耳には、まぶたのような遮断器官がありません。音の刺激は、脳に直送されます。目に比べ、無自覚のうちに脳を疲弊させているのです。

たとえば、目でスマホ画面を追いかけていても、その間の脳は、耳から入った音を休むことなく処理し続けているのです。**実感がないからこそ、恐ろしい**のです。

まぶたの開け閉めに自覚がないのと同じく、音を取捨選択することも、私たちは自覚しません。人は、自動的に「音を聞いている」状態にいるのです。

音の聞き方を自動制御に任せるやり方は、認知資源（人が物事の判断をする際に使うエネルギーで、ウィルパワーともいいます）をセーブするのには役立ちます。

ただ、**音の聞き方に疎《うと》くなりすぎることは、脳にとってラクなように見えて、本当は危険信号**なのです。

だからこそ、脳の過剰な負担を緩和させるための**「音の聞き方」を獲得する必要**

があるのです。

メンタル不調は音で増幅する

私の話で恐縮ですが、小さいときから音を聞くことが大好きでした。

幼少期には、丹後《たんご》ちりめんの織機《しょっき》の機械音が隣家から聞こえました。「ガッチャン、ガチャン」という周期的なリズムを感じさせる音の響きに心惹《ひ》かれていました。

音への注意力が高いゆえに、悩みもありました。人と会話をしているとき、背景から別の音が聞こえると、会話に集中できないのです。いまでは多少マシになりましたが、物音がする場所で会話をするのは苦手です。

人の聴覚は、生まれてすぐには聞きたい音に注意を向けることができません。成長するにつれ、聞きたい音や聞くべき音を取捨選択する力を徐々に獲得していくのです。

一説によると、音の取捨選択能力の形成は、17～18歳ごろまでかかるともいわれています。幼少期の音の選別が未発達の段階では、小さな音さえ容易に意識に上がり、聞きたい音が聞き取りづらい状況になりがちです。成人してもこの状態が続く場合には、メンタル面に悪影響を及ぼすことがあります。

不眠症が続く人にとっては、就眠時に聞こえる音の環境に、ネガティブな反応を起こしやすくなります。対人恐怖症の人にとっては、他人の何気ない会話を、悪くとらえがちになることがあります。

心理面に不調をきたす状態のときは、音への耐久性がとりわけ弱い傾向がみられます。寝ているときも耳はずっと開いているので、音で感情が慢性的に振り回されてしまうからです。

メンタル面が不調なときほど、ネガティブに感じる音をシャットアウトする工夫が必要なのです。

過度の音刺激が聴覚疲労を引き起こす

現代人は、視覚情報を受け取ることに、1日の多くを使っています。つまり、情報を目から取り込むことに、脳が特化しているのです。

そこで疎かになっているのが、耳の存在。一度に取り込める文字情報量は、視覚のほうが聴覚よりも圧倒的に多いため、効率を高めるあまり、視覚で外界にある情報の多くを得ています。その間、聴覚には意識は向けられていません。音を意識するのは、イヤホンで音楽を聴いたり、ニュース（人の声を介した情報）を聞くぐらいでしょう。

さらにやっかいなのが、音響機器の再生環境。イヤホンやヘッドホンによって、大音量の刺激が脳に長時間取り込まれています。適度な音量での再生であれば問題ないのですが、周囲が騒がしい電車の中では、喧騒《けんそう》に負けないボリュームになっています。

街の中を歩くと、BGMや電子音、さまざまな呼び込みの声など、**音の洪水の中にいるような場所に遭遇**します。

その結果、過剰な音の刺激が脳に取り込まれるのです。

問題は、その状態が「無自覚」であることです。本来人間の脳は、1つのことしか集中できません。新たに入ってくる音があると、無意識のうちに注意が向けられます。すると、音刺激がワーキングメモリ（作業や動作に必要な情報を一時的に記憶・処理する能力）を圧迫し、脳が疲労する原因につながるのです。

知らず知らずのうちに聴覚疲労を引き起す音環境を、人間がつくり出してしまっているのです。

音は心の３つの領域で知覚される

聴覚の特性を考えてみると、無自覚に処理されている音の世界が重要になってきます。人が何かを意識するとき、その基盤となるのが**「前意識」**です。

前意識とは、知覚された情報を一時的にストックしておくエリアです。音で言えば、耳から入ってきた音の情報が貯蔵されている領域です。この**前意識が、聴覚疲労を起こすか起こさないかのカギを握る重要な部分**なのです。

図1 音の「意識と知覚過程」の概念図

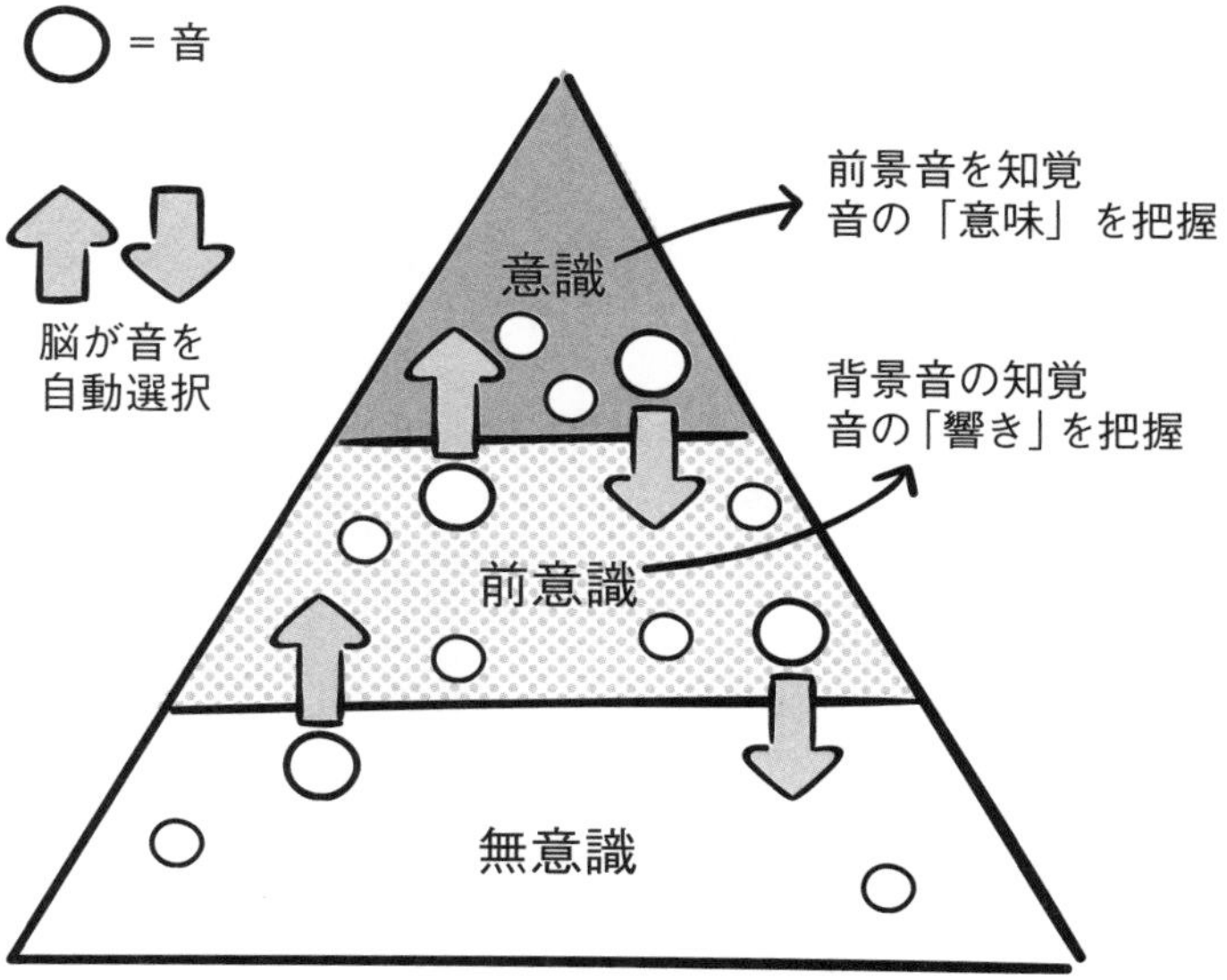

フロイトの深層心理学の概念に倣って、音を知覚する過程を「意識」「前意識」「無意識」で説明してみましょう（図1）。

「意識」とは？

「意識」は、いま気づいている心の部分であり、大脳《だいのう》皮質《ひしつ》に由来しています。聞こえた音の意味を把握している場面です。声や音楽といった音のように、意識的に聞こうとしている音の領域です。

「前意識」とは？

「前意識」は、意識の周辺部にある心の部分で、脳に入力されている音はあるけれども、あいまいに聞こえてくるような場面です。空調の音や街の喧騒といった、ふだんスルーされやすい音刺激が、前意識で処理されています。努力や何かのきっかけがあれば、意識することが可能です。**前意識でとらえられる音を処理するには、「注意の向け方」がカギ**を握ります。

前意識で処理される音の情報は、意識で処理される量の数倍以上もあります。注意を向けていない音のほうが、情報量としては多いわけです。

カクテルパーティー効果という心理用語をご存じでしょうか。人の声でザワザワしているパーティー会場などの空間の中で、埋もれているけれどもじぶんに必要な音（たとえば、じぶんの名前が典型）が感知されると、脳が瞬時に前意識から意識に引き上げ、その音に注意が向けられる現象です。

前意識の領域では、音の情報がダムの水のようにストックされています。必要に応じて意識の領域にピックアップされ、意味がつけられるのです。

「無意識」とは？

「無意識」は、意識化が困難で抑圧された心の部分です。古い神経機構に由来していて、ふだんは音の存在が意識に上ることはありません。

◌ カギは前意識

人が「音を聞く」という行為は、たった1つの音の知覚であっても、心の3領域を行きつ戻りつしながら、情報処理に負担のかからない意識のチャンネルを自動的に調節しているのです。

音の聞き方を磨くうえでカギとなるのは「前意識」です。一見目立たない音の知覚領域であっても、かなりの情報量を自動的に処理しています。

いわば、音の知覚感度を良好に保つ「緩衝地帯」のような存在。音刺激の決壊を防ぐために、前意識がダムのようなクッションとなって、音が認知される一歩手前で、一時的に貯蔵されているのです。

この処理過程の全容は解明されてはいませんが、音のトレーニングを行ううえでは、前意識の過程で処理される音の存在が、重要なのです。

音のトレーニングで脳をいたわる

日本人は不思議なほど、トレーニング好きです。

書店の健康本の棚を見ると「〇×トレ」の書名が目につきます。筋肉を鍛えるのと同じように、身体のさまざまな部位を鍛えたい願望があるのでしょう。

聴覚の領域でもトレーニングブームがあります。自著の紹介になりますが、2017年から刊行をはじめた書籍「耳トレ！」シリーズは、付属の音源を聞いて脳を鍛える目的で執筆しました。音を聞くことに意識を向けると、脳の認知機構が活性化します。記憶力や集中力をアップするメニューを多数開発し、好評を得ています。

一方で、私たちの心のバランスも考えなければなりません。現代人は情報社会がもたらす過多な疲労をはじめ、コロナ禍によるストレスも抱え、心の疲弊を重ねています。過剰な音が脳にダメージを与えることは、先述したとおりです。

したがって、脳トレや耳トレといった「鍛える系」とは逆方向である「ゆるめる系」のアプローチも重要になってきます。つまり、**音をきっかけにして、脳や身体をゆるめることが急務**なのです。

耳を「ゆるめる」方向としては、聴覚を整えるといった「コンディショニング」の方法、さらに聴覚の沈静化といった「ケア」の方法も有効になります。

トレーニングという名称は「活性化」のイメージがつきまといますが、本書で紹介するトレーニングは**「沈静化」の方向**であることを、ご理解いただければ幸いです。

つまり、沈静化に向けた音のトレーニングを行い、脳（特に聴覚野付近）をいたわり整えることが、心の不調を好転するうえで重要になるのです。

変えるのは感情ではなく、音への意識

スポーツ医学の分野では、選手の体調を整えるために、①トレーニング、②コン

表1 「音トレ」がいかせる領域と「耳トレ」との違い

耳トレ	音トレ	
トレーニング（聴覚の活性化）	コンディショニング（聴覚を整える）	ケア（聴覚の沈静化）
脳トレ	マインドフルネス	耳鳴り
脳の活性化	マインドワンダリング	不眠
記憶力向上	思考の深化	聴覚過敏
集中力向上	心身の休息	発達障害

ディショニング、③ケアの3領域に配慮したトレーニングメニューが開発されています。

本書では**聴覚を切り口に、心や身体をゆるませることを目指した音のトレーニング**を紹介します。

つまり、脳を鍛えるといったトレーニング目的の「聴覚の活性化（耳トレ）」ではなく、心身にリラックスや休息を与えるコンディショニング（聴覚を整えること）をはじめ、ケア（聴覚の沈静化）するのが、音のトレーニング（音トレ）なのです（表1）。

音の聞き方を変えること（アテンション・メソッド）や、イヤな音をマスキングすること（マスキング・メソッド）で、心の不調を改善するのが狙いです。

音楽で心身を穏やかにする方法としては、ヒーリング音楽や自律神経を整える音楽がよく知られています。これらの方法は、人の感情反応を期待した音楽が用いられています。

一方、本書のオリジナリティは、**従来からある感情面に訴えかける手法ではなく、聴覚の注意の度合いを変える**ことにあります。「神経生理学的」なアプローチを応用しています。

音の力で心身を改善する方法は、感情面だけに頼らないことが望ましいと、私は考えています。

その理由は、人の心理は時々刻々変化するため、人の感情に訴えかける音楽の活用法だけでは不安定であり、時に不快を及ぼすからです。さらに、音楽を流すだけで改善させる手法は、受け身の範囲を超えません。**自ら能動的に音の意識を変化させなくては、心の不調を真に改善することはできない**からです。

それを乗り越えるために、音の聞き方や注意の度合いを積極的に変える音のトレーニングによって、心身を効果的にゆるませていきましょう。

音トレは、薬に頼らないメンタル改善法

私たちは、生きている限り大小のストレスを抱え、モヤモヤした気持ちになります。

でもこれは、生きている証拠。悪いことではありません。心にある程度の負荷がかかることで拮抗《きっこう》する力が生まれ、生きるエネルギーに昇華していきます。

ただし、過剰にストレスを感じ続けることは危険です。メンタル疾患にかかった場合、いくつかの治療法があります。

その1つに、認知療法（認知行動療法）があります。私たちのものの考え方や受け取り方（認知プロセス）に働きかけて、気持ちをラクにさせたり、行動を制御したりする治療方法です。抗うつや不安などの精神的な症状改善を目指して生み出されま

した。

この方法は、患者さんに面接を行い、その人の性質を把握しながら、生活の行動を変えていきます。抗うつ薬を使わずに（あるいは薬を併用しながら）症状を軽減させる方法として、近年注目されつつあります。

音のトレーニングも、薬を使わずに行う点では、認知療法に類似しています。じぶんの音の聞き方（聴覚的フレーム）を自覚しつつ、自力で変えていきます。周囲の音からくる不快感を、音への注意力を切りかえながら抑えていきます。

ただし、過剰なストレスを浴び続けるのはたいへん危険です。ストレスや心の違和感を溜め続けると、体調を崩したりメンタル疾患が悪化します。

時として薬物療法が必要な場合もあるので、専門医に治療を受ける必要のある方は主治医とよく相談し、本書の手法を適宜併用していただくことが望ましいでしょう。

第 1 章

ネガティブな気持ちを整える音トレの心理学的効果

なぜ、音トレをしなければならないのか？

心をネガティブにする音をシャットアウト

プロローグでお伝えしたとおり、**聞こえのゆがみは心の不調に表れます。**

音トレの目的は、聞こえの「ゆがみ」をフラットにして、ゼロのポジションに近づけること。じぶんの意識で音への注意力をコントロールし、聞くべき音と聞くべきでない音の区別を自覚するのです。脳に入る音の情報を交通整理する役割が、音トレにあるのです。

その効用は、**私たちの心理をネガティブにする音をシャットアウトできる**こと。

耳トレは耳を鋭敏にすることが目的ですが、音トレはその逆。**音に意識を向けない**

鈍感さを身につける方法なのです。

いまあなたの耳には、どんな音が届いていますか？　本書を部屋で読んでいる方でも、音が聞こえているはずです。目立つ音と目立たない音に分けてみましょう。

目立つ音といえば人の声や音楽、音量の大きい交通騒音かもしれませんし、掃除機の音かもしれません。目立たない音は、無自覚にスルーすることが多いでしょう。

ところが**目立たない音の中に、ネガティブに感じる要素が潜んでいる**のです。空調の音や交通騒音、隣家から聞こえる生活音……。ふだんスルーしている音であっても、注意すれば聞こえはじめます。

これは、まわりにあるすべての音の刺激が、脳の中に入ってきている証拠。耳から入力された音が、脳の中（とりわけ前意識過程）で蓄えられているのです。

それらの音に違和感がなければ、何の問題もありません。ただ、現代社会の音環境は、ネガティブに感じる音が満ちあふれています。

でも、ご安心ください。少しでも音に引っかかりがあれば、音トレを実践して、フラットな音の聞こえに近づけていきましょう。

◌ 音の聞き方に生じるゆがみ

耳のゆがみは、じぶんの意識でゼロに近づけることが可能です。

まず、身のまわりの音に気づいてみること。そして、いま聞こえている音の遠近を、（目で風景を見るように）音でも感じてみること。さらに、じぶんの呼吸の音を感じてみること。

音への意識を切りかえる術《すべ》を身につければ、音からもたらされる「心のイライラ」を遠ざけることができるのです。

私たちには、無意識のうちに習慣化している音聞きの傾向があります。これを**「聴覚的フレーム（枠組み）」**といいます。

色眼鏡で景色を見ると、風景の色が変わって見えるのと同じように、音の聞こえについても、脳のフィルターを通して、特定の色合いを加味して音が知覚されます。

人によって音のとらえ方はさまざまです。これまでの経験や心のクセによって、聴覚的フレームが形成されているのです。

あなたが幼かったころ、耳に入る音すべてに均等にピントが向けられ、音の取捨選択を意識しなかった無垢《むく》な時代がありました。効率よく音をとらえるには不利な聞き方ですが、特定の音に注意の焦点を当てすぎない状態だったのです。

あなたは長年にわたって音を聞き続ける中で、**音の聞き方に力のかかる「ゆがみのある状態」にだんだんとなってしまった**のです。

◌音の意識をリフレイミング

私の聴覚的フレームは、耳に入るすべての音に均等にピントが向けられる状態にありました。周囲の音に激しい苦痛を感じる聴覚過敏のレベルではありませんが、会話や文章作成のときに聞こえる音を気にすることが多くありました。

ところが、10年ほど前に息子が生まれてからは、音をある程度は選別して聞けるようになりました。理由は、子どもの活動音が生活空間の多くを占めるようになり、それらの音を無視しないと必要な音を逃してしまうからです。その経験があったからこそ、音への耐性を高める音トレが開発できたのです。

脳には可塑性《かそせい》があります。まわりの環境に順応して、脳の神経回路もしなやかに変化するということです。

だから、いまからでも**聴覚的フレームを変えることは可能**です。既成の考え方やものの感じ方の枠組みを変え、ネガティブな点をポジティブにとらえ直すことを「リフレイミング」といいます。

音の意識は確実に変えることができるのです。

音トレのメカニズム

私が考案した音トレは、薬を服用したり特別の器具を使ったりすることなく、自力で音の聞こえを意識していきます。音の感じ方を自らの力でコントロールする知覚・認知的なアプローチです。

耳や脳の生理的な仕組みは変えないので、副作用の危険性もありません。あくまでも、音への注意を意識的に切りかえる方法なのです。

音トレの基盤となっているのが、知覚心理学の一分野の「ゲシュタルト心理学」という概念。

私たちは、要素を1つずつつなぎ合わせて物事を知覚しているのではなく、全体をひとまとまりとして知覚している、という考え方です。

私たちが音楽を聞く場合、一つひとつの音を別々にとらえていません。メロディを構成する音を、「一連のカタマリ」として認識しているのです。

ゲシュタルトとは、「全体」という意味です。ということは、部分（個別の要素）もあります。

視覚でいえば、手前に浮き出て目立って見える部分が「図」、背景の目立たずに潜んでいる部分が「地」です。**図と地は、同時に知覚することはできませんが、両方の枠組みがあって、図と地を個別にとらえることができる**のです。図と地の知覚は、何かのきっかけがあると、突然切りかわります。

図と地の反転する関係を示した例としては「ルビンの壺《つぼ》」のだまし絵が有名です（図2）。まん中には盃《さかずき》を真横から見たシルエットが、周辺には対面した2人の横顔のシルエットが、同一の絵に描き込まれています。

これを聴覚に当てはめると、図として知覚される音を**「前景音」**、地として知覚される音を**「背景音」**と呼ぶことができます（図3）。ふだん私たちは、前景音という「図」ばかりに注意を向けている（正確にいえば、自動的に注意が向けられてしまっている）状態にあります。背景音は脳に入ってきているものの、無自覚です。地として知覚される音は、前意識でとらえられている音ともいえます。

一番やっかいなのは、不快な音が前景音として意識される場面です。こうなると逃げようがありません。ふだん私たちの聴覚的フレームは前景音に注意を向けることがデフォルトなので、不快音に焦点が自動的に向けられます。

したがって、それをいかに変えるかがカギ。音トレは、聴覚のクセを変更することを目指しています。不快音に向かう私たちの強靭《きょうじん》な注意力を分散させるのが、音トレの目的です。

図2 ルビンの壺と「図・地」

壺（盃）が見える場合 → 壺が「図」、横顔が「地」
横顔が見える場合 → 横顔が「図」、壺が「地」

聴覚に当てはめると…

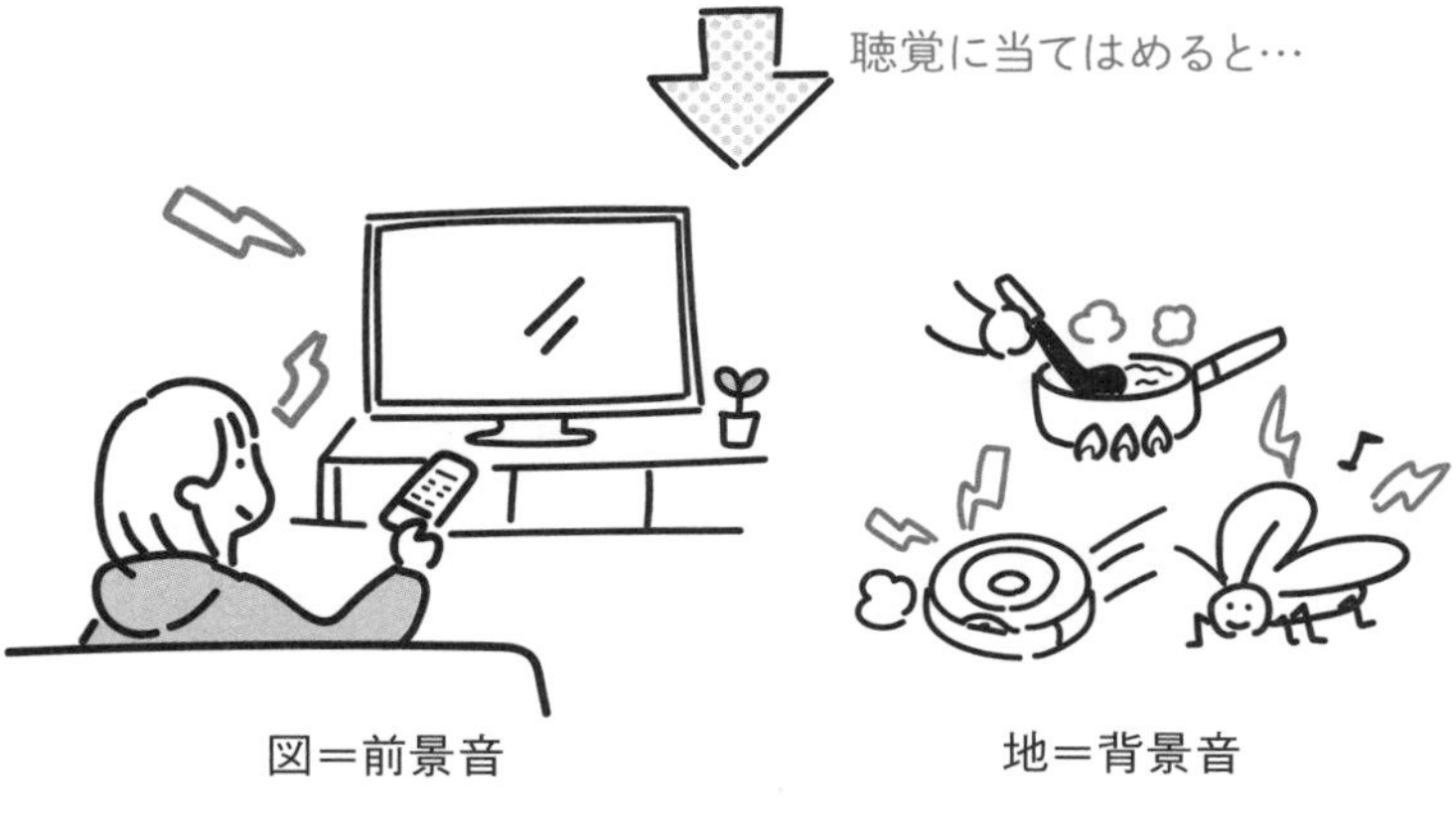

図＝前景音　　地＝背景音

図3 前景音と背景音の関係

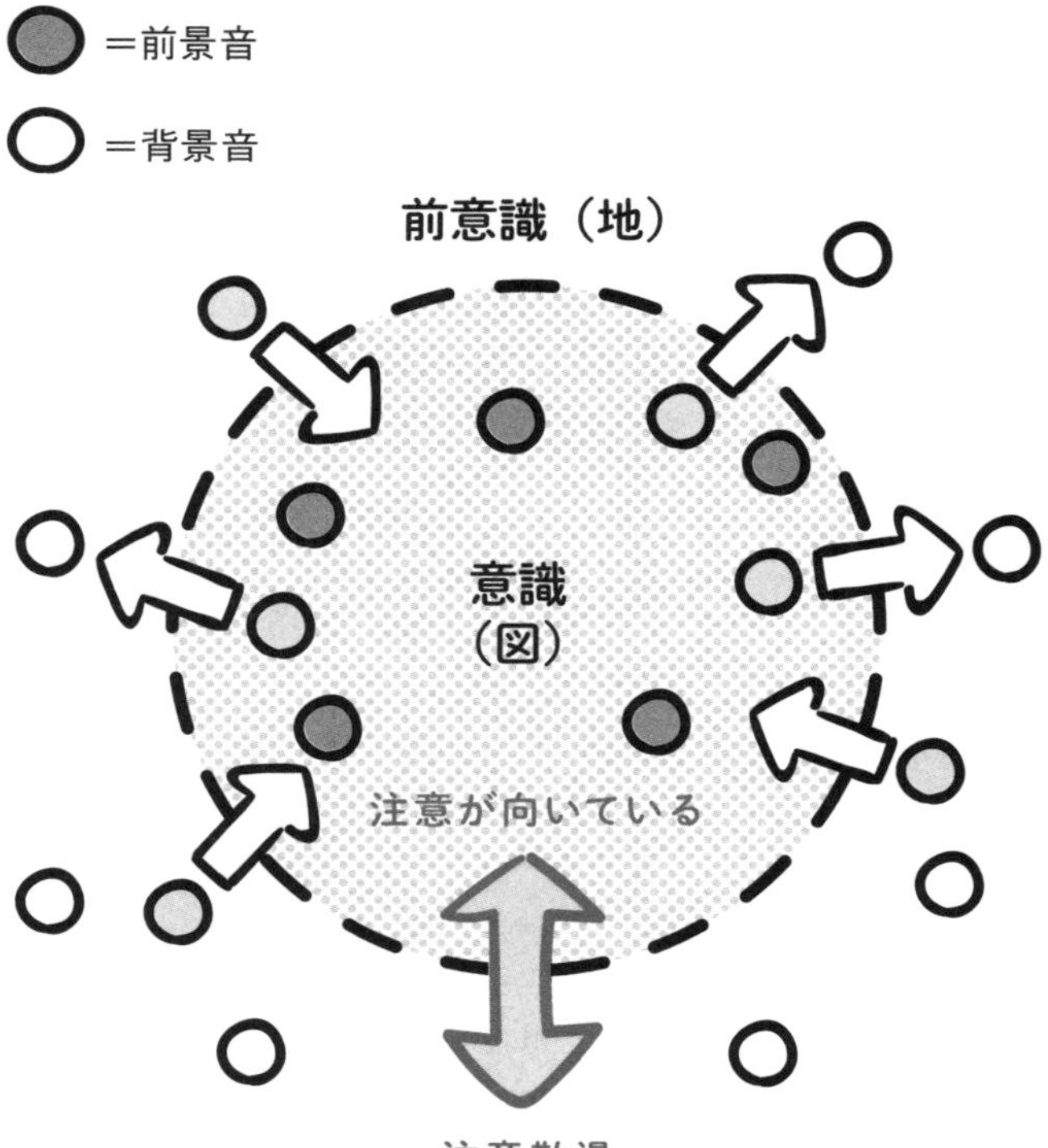

音トレには、**じぶんの意識を使って聴覚的フレームを変え、不快な音への注意を散らし、音の不快感を心理的に沈静化させる**役目があるのです。

音トレで耳ケアしよう！

日常の私たちは、言葉から意味や情報を取り出す処理に多くの労力を費やしています。相手の話に集中し、じぶんの知識と照らし合わせ、言葉の情報を記憶し、文脈の推測を行う中で、脳を覚醒《かくせい》し続けています。

特に会話時、周囲にうるさい音が存在していたり、他の人たちの会話が聞こえたりすると、聴覚の過度な処理能力を要するため、脳が無自覚のうちに疲弊します。

私たちは知らないうちに、脳の認知機能を駆使しているのです。これが聴覚疲労の原因の1つになります。だからこそ、脳の状態を整えたり、聴覚の沈静化をはかることが重要なのです。こうした脳の働きを要約すれば、**「意識に上る情報」にだけ注意を集中している**ことになります。

でも、まわりの空間をよく見わたしてください。周囲の360度に、あるいは頭のてっぺんから足裏まで、四方八方に空間が広がっています。ワイドな広がりのある空間に、私たちは存在しているのです。

ところが、**感じている感覚世界は、ほんの一部にしかすぎない**のです。

音の聞き方もそうです。

じぶんが気になる音だけに焦点を当て、四六時中有益な情報を得るために、聴覚を働かせています。現代ではスマホやパソコンを使う頻度が高いので、手に届く範囲だけに知覚を働かせている状態です。

その間、**「前意識」で感じる音の世界は置き去りにされたまま。脳に入力される刺激は、量と強さともに増してきているにもかかわらず、「意識」に上る情報を処理するだけで、脳はパンク寸前の状態**です（図4）。

音だけでなく、身体全体に対しても意識を向けることが少ないのではないでしょうか。

頭だけが活発で、それ以外の身体は忘れ去られがちです。

図4 音を適切に処理しないと心身に不調が

意識
前意識
無意識
意識に入る特定の音だけを聞いているつもりでも、音（情報）は前意識に溜まり続ける

ところが、身体が急に警告を発する場合があります。頭痛や歯痛、病気やケガをしたとき、私たちはようやく身体に意識を向けはじめます。私たちはいかに一点集中の意識を続けているかがおわかりになるでしょう。

現代人は特に、エクササイズやトレーニング好きです。多くの人があえて時間やお金を使い、心身の鍛錬を行っています。この現象は、心身への意識がうすくなっていることへの危機感が無意識にあるからでしょう。

気がつけば、考えごとをし続けるのが人間の性《さが》。堂々巡りになり、モヤモヤした気持ちになるのは、よくあることです。その閉塞感《へいそくかん》から距離を置くために、エクササイズやトレーニングに没頭したくなるのです。

身体から無意識のうちにあふれ出すネガティブな気持ちを整えるために、音のトレーニングを実践してみましょう。

身体感覚をバランスのよい状態にもっていく効果が、音トレにはあります。

聴覚の高ぶりを鎮め、耳や身体に休息を与える機会をつくっていきましょう。

注意力を切りかえる「音トレ」

アテンション・メソッドとは？

◌ 音トレに使う4つの「注意」

音トレの真髄は、いまある音を客観的に受け入れる体勢をつくることです。その仕組みは、意識に上る音を選択するための「注意力」を応用しています。

注意とは、私たちが見たり聞いたりするときに、その対象を選択したり反応したりするように仕向ける意識の働きのこと。注意力を音トレに適用するのが、アテンション・メソッドなのです。

一口に注意と言っても、音トレで使う注意の意味は異なっています。一般的に注意という言葉は、「気をつけること」や「警戒」を意味しています。音トレの仕組みを理解していただくには、専門用語として使われる「注意」を説明する必要があります。

認知心理学でいう「注意」とは、情報処理の進行を制御するメカニズムのこと。私たちが一度に処理できる情報量には限りがあります。処理する量を軽減するために、必要な情報だけ選んだり、図と地の知覚のように情報をひとまとまりに把握することで、省エネしているのです。

注意という現象は、４つの機能に分けられます（図5）。

集中的注意

特定の作業や対象に注意を集中する機能です。人が単純作業を続ける時間は30分程度が相場となっています。

選択的注意

複数の情報の中から必要なものだけ選択して注意を向ける機能です。これが**聴覚**

図5 アテンション・メソッドで使う4つの「注意」

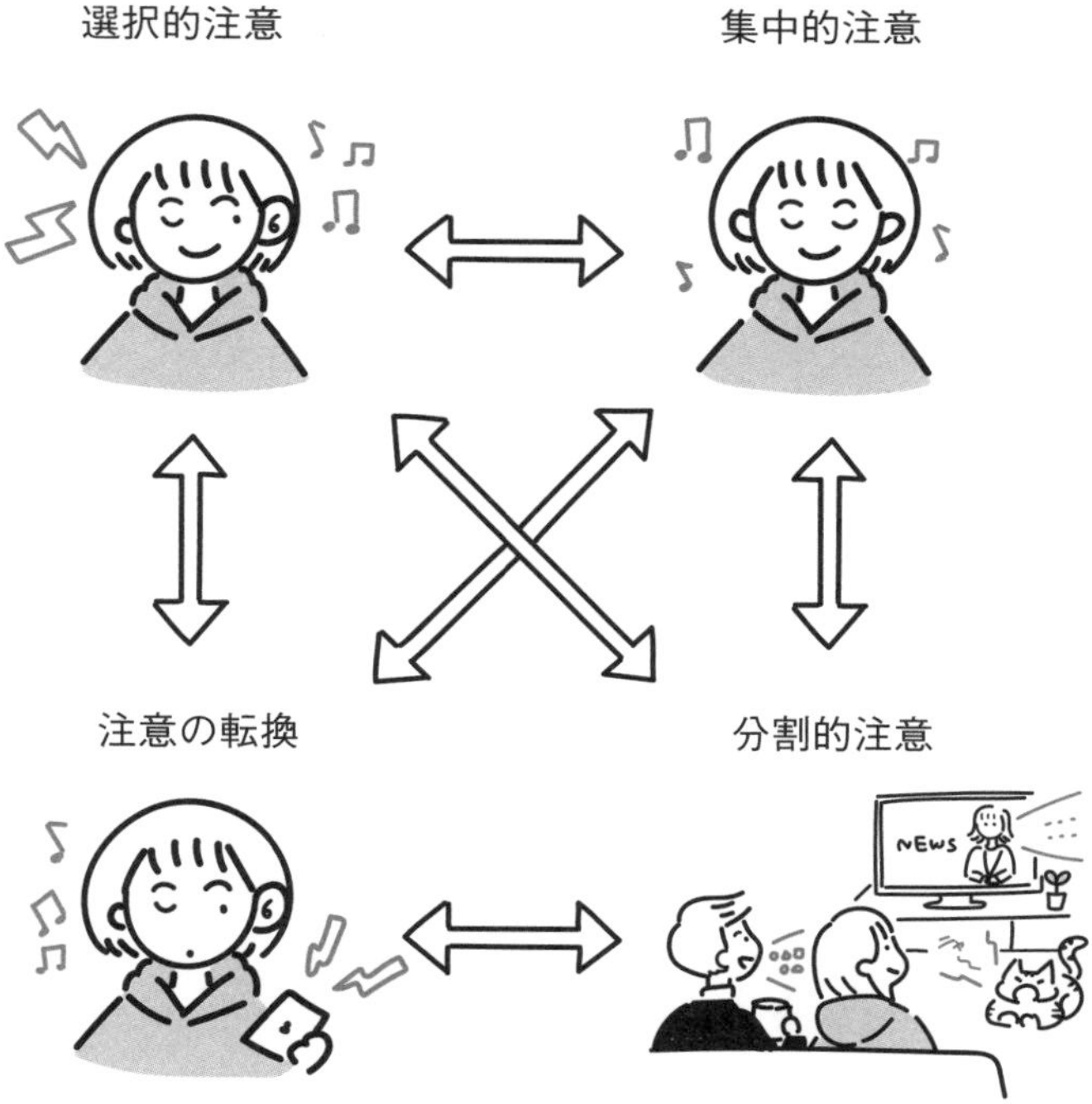

的フレームの正体で、音トレの骨幹《こっかん》となる能力です。いま聞こえている音の情報を広く浅く、あるいは深く狭くとらえる切り取り方（枠取り）を柔軟にすることが重要になってきます。

分割的注意

複数の作業に注意を配分したり、注意を切りかえたりする機能です。音の選択的注意能力が高まってくると、分割的注意能力も発達してきます。同時にいくつかの音がある場合、それぞれの音に並列的に意識を向けることのできる能力ともいえます。音トレを行ううえでは欠かせません。これを、グローバル・アテンション（↓56ページ）といいます。

注意の転換

1つのことに注意を向けているとき、別のことに気づいて注意を切りかえる機能です。1つの音を聞いているとき、耳に入り込んだ別の音に気づいて注意を向けることのできる能力です。

音トレは、４つの注意の働きを円滑にして、音の聞こえを切りかえていく方法なのです。

◌ 音の知覚過程

音トレでカギとなるのは、音の知覚過程である「前意識」の領域。ふだんは地の音として聞き逃している心の部分で、努力やきっかけで意識することが可能なのです。

前意識でとらえている音はスルーされがちですが、場の雰囲気を隠し味のように決定づけています。潜在的に人の心に大きな影響を及ぼすので、少しでも違和感のある音が周囲で鳴り続けていれば、間違いなくネガティブな方向に心理状態が引っ張られるでしょう。

さしあたって大きな問題は起こっていないけれど、同じ場所にいてすぐれない感覚があると感じたら、音に原因があるか探るとよいでしょう。

ふだん私たちが注意を向けるのは、意識に上る音です。この音の聞き方を**「中心聴取」**といい、対象の音にしっかり注意が向けられている状態です。

一方、前意識の音には注意は向けられていませんが、脳の中にその情報は取り込まれています。この音の聞き方を**「周辺聴取」**といいます。

中心聴取と周辺聴取の切りかえは、脳内で自動的に行われます。ところが、音量の変化や音の出現・消失が起こると、中心聴取と周辺聴取は容易に切りかわります。変化した音の現象に注意が向けられるからです（図6）。

意識と前意識の切りかえに効果的な音トレは、「減衰音が消える瞬間を感じる」こと。

あるかないかの小さな音量にまで注意を向けると、いつの間にか図である前景音が地になり、地であるはずの背景音が図になります。その瞬間、驚くべき音感覚の逆転現象が体験できるのです！

図6 中心聴取と周辺聴取の概念図

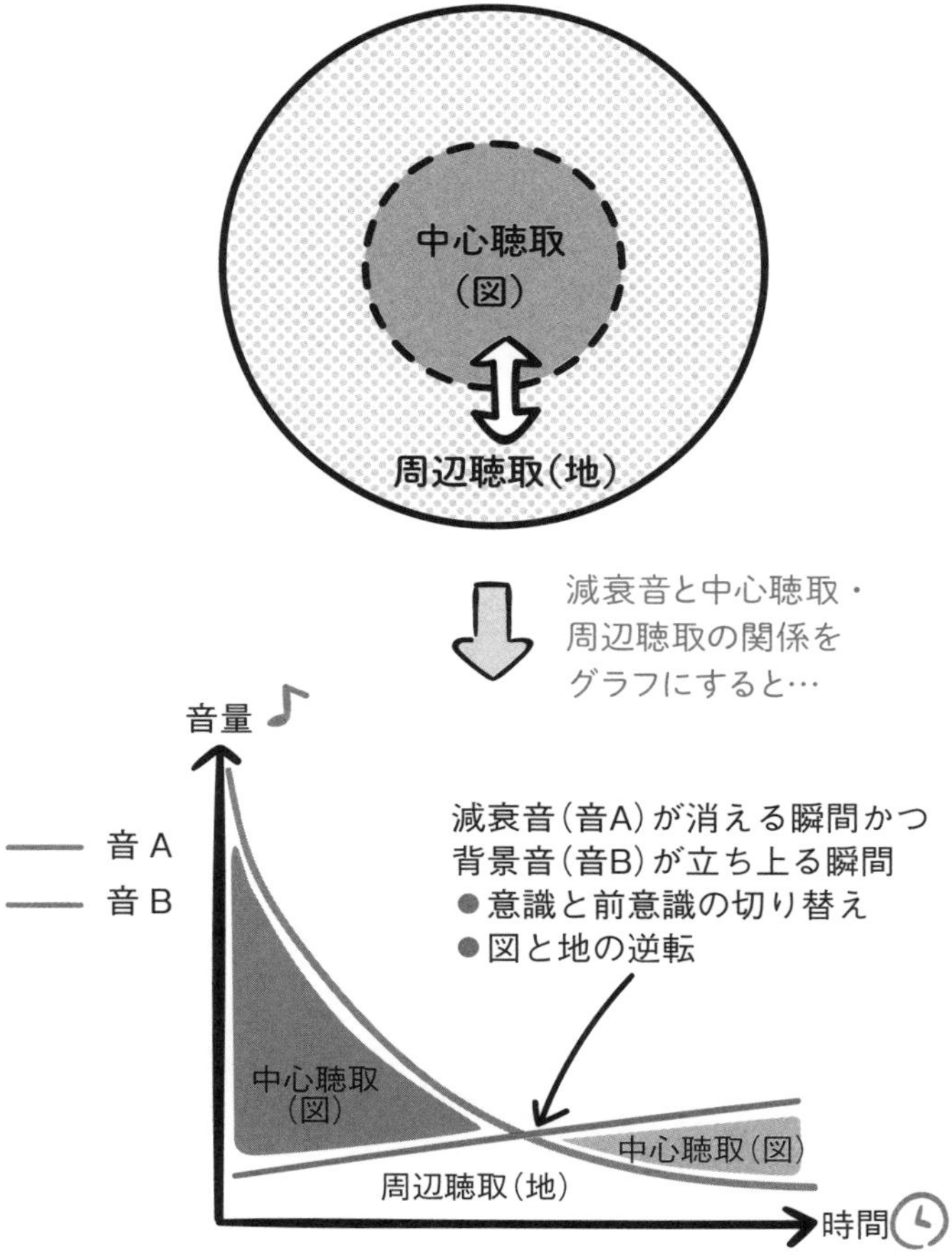

音トレには、自動制御されている音の知覚過程を顕《あら》わにする働きがあるのです。

◌気づきと注意力

音トレの最終目的は、音への注意力を自由自在に操れるようになることです。そのためには、耳だけでなく、身体やまわりの空間にも意識を広げることが重要です。慣れてくると、身体の内と外にある音を同時に意識することさえ可能になります。さらに、音に注意を向ける度合いを、じぶんの意志で調節できるようにもなります。

とはいえ、ただ「音に注意しよう！」といっても、絵に描いた餅《もち》にすぎません。何かの音に注意を向ける行為は、その対極にある概念を知ることで、はじめて体得できます。それが、「気づき」という感覚です。

「注意力」と「気づき」を、対概念としてとらえることにしましょう。両者はまとめて**「グローバル・アテンション」**と名付けられています。アメリカの作曲家である

図7 注意力と気づきのバランス

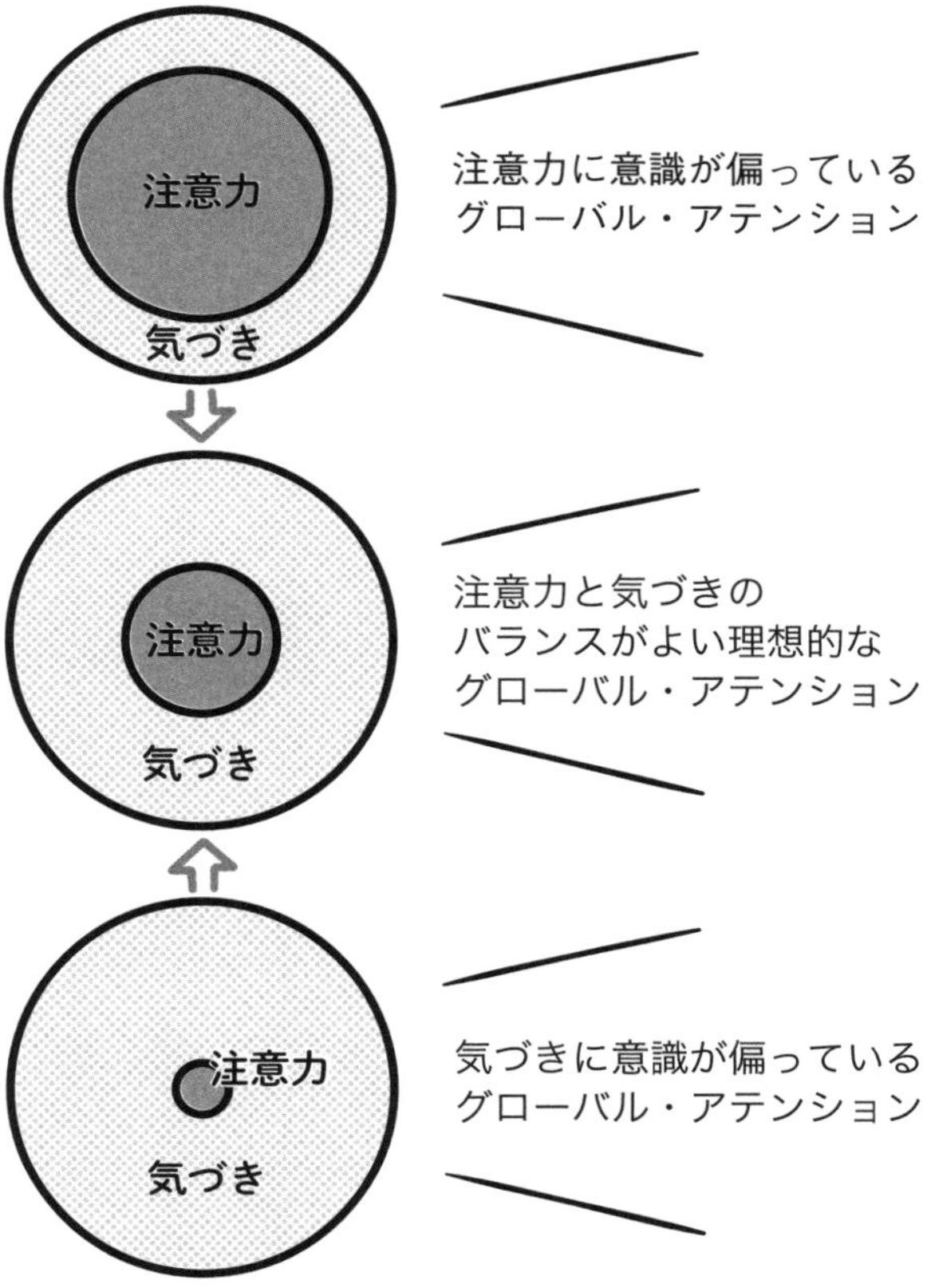

ポーリン・オリヴェロスによって考案されました。

「注意力（attention）」とは、特定の音だけを狭く知覚している状態。**「気づき（awareness）」**とは、音全体を意識の周辺で散漫に知覚している状態。さしあたってじぶんに重要でない音の響きを地として、前意識的に聞いている状態です。

注意力と気づきは相互作用の関係にあって、互いを強め合ったり助け合ったりして関わり合っています。

注意力と気づきの理想的な姿は、中央に小点をもった円で表すことができます（図7）。小さな点は注意力で、円は気づきを示していて、そのどちらかが優位になれば、聞き方のバランスがくずれてしまいます。

互いのつりあいがとれてはじめて、全体を包括したバランスのよい聞き方が実現します。

ところが私たちは、興味・関心に応じて、強い注意力が自動的に引き起こされ、気がつけば特定の音に集中してしまっています。その結果、意識の周辺にある音の存在が自覚されなくなるので、聞き方のバランスに偏りが生じるのです。

大切なことは、**グローバル・アテンションを目指して、音の聞こえ方を俯瞰《ふかん》する姿勢**です。

音を自在にフォーカスする

視野が狭くなる、という表現があります。

ネガティブな意味で使われることが多いのですが、現代人の多くは、物事をとらえるときに狭く集中して知覚しています。カメラでいえばズームレンズを使って、1つの対象に最接近している状態。この現象は聴覚にもあてはまります。

テレビやスマホの音を大音量で聞いたり、イヤホンを耳の鼓膜の近くに押し込んで聞くと、刺激の強い音の情報が中心聴取されます。その結果、周辺にある音の響きに意識が向かなくなり、音の聞き方にゆがみが生じます。これが習慣になると、偏りの強い聴覚的フレームが形成されてしまいます。

そこで大切なのが、パノラマのように物事を広くとらえる姿勢。カメラでいえば、ワイドレンズを使って広く見るとらえ方です。

空間に広がる音の存在を意識することで、注意力と気づきのバランスのよい「グローバル・アテンション」に近づいていけるのです。

私たちは、五感をうまく働かせていません。子どものころは純粋無垢に感じることをそのまま受け止めてきました。年を経るにつれ、人それぞれが無自覚に知覚のゆがみを生み出し、目や耳から入ってくる刺激の知覚に偏りが出ているのです。

私の開発した音トレは、**聞こえ方の偏りをリセットすることで、音の聞こえを幼少のようなゼロのポジションに近づけます。**

つまり、脳で形成される注意をコントロールし、音へのフォーカス（焦点）を自在に切りかえていくのです。

音の聞こえの良し悪しを心配することはありません。いま聞こえている聴覚の生理状態を整え、生かしていくことが大切になるのです。

イヤな音をぼかす「音トレ」

マスキング・メソッドとは？

不快な音に音をかぶせる

前節で紹介したアテンション・メソッドは、音への注意を切りかえ、音の感覚を積極的に散らしていく方法ですが、限界があります。不快な音が大きな音であったり、ネガティブな要素が高い音の場合です。そのようなときには、マスキング・メソッドが効果を発揮します。

マスキング（masking）とは、静かなときには聞こえた音が、周囲の音の影響で聞こえなくなる現象のこと。

本来、聞きたい音を邪魔するマスキング音は悪者扱いされますが、この音トレではマスキング音を積極的に使うことで、不快な音を目立たなくさせます。その方法がマスキング・メソッドなのです。

イヤな音があれば、その音源自体を消したり別の場所に移動したりすることで、音環境の改善が可能です。ところが、世の中にある不快音は消し去ることが困難な場合が多いのです。

たとえば、加齢に伴い発生頻度が高くなる耳鳴り。脳で知覚される不快音の代表的な症例です。脳内で知覚される聴覚現象なので、耳鳴りの音色に近いマスキング音を同時に聞くことによって、耳鳴りの不快感をある程度散らしていくことが可能です。

厳密にいえば、マスクしたい音がマスキング音によって完全に聞こえなくすることはできません。

飛行機内のエンジン音や厨房《ちゅうぼう》のダクト音といった一定の機械音が鳴り続ける場合では、ノイズキャンセリング方式のヘッドホンを使うことが効果的な場合があります。ただ、突発的に発生する多様な音を完全に消し去ることはできないのです。

そういう意味で、本書で提案するマスキング・メソッドは、対象となる不快音を部分的にマスキングすることを狙っています。不快な音にマスキング音を足せば、物理的な音量は増えます。けれども、**意識が向けられる音への注意が低くなるので、不快感が心理的に減ります。**

2種類のマスキングで不快感を減らす

そもそもマスキングには、「心理的マスキング」と「物理的マスキング」の2種類があります。

本書が対象とするのは心理的マスキングですが、限界があります。不快な音の音量が大きい場合、心理的マスキングを施しても、注意が向けられたままの状態になります。

そこで登場するのが、物理的マスキング。心理的マスキングで消しきれなかった不快音の響き方を目立たなくさせる方法です。

具体的には、マスクしたい不快音（マスカー）を使うと、不快音が目立たなくなる（マスキー）に似た周波数成分をもつ音（マスキーをぼかす）現象が発生します。**強く注意されている不快音の存在はそのままでも、不快音の響き方をソフトにさせる効果がある**のです。

つまり、マスキング・メソッドは、心理的マスキングと物理的マスキングの仕組みを活用したやり方なのです。イヤな音をマスキング音で目立たなくさせたり、ぼかしたりすることで、不快感を減らしていきます。

◌ マスキング音と視覚イメージはセット

マスキング・メソッドを行う場合、どのマスキング音を用いるかが重要です。症例にそぐわない音を使ってしまうと、かえって不快感が増し逆効果です。

かつて、こんな研究をしました。

道路の交通騒音の不快感を減らすために、沿道空間にある樹木や植栽を活用できないか検証したのです（図8）。具体的には、樹木が風で揺れるときに発生する「葉擦れ音」を使って心理実験をしました。

その結果、何の音かを知らせずに交通騒音に混ぜると、全体の音の不快感が増したのです。

つまり音のみの提示だと、もともとの評価が不快なために、音量が上昇すれば不快感も増します。

一方で音＋映像提示だと、樹木である音源の評価が快い状態であるために、音量が上昇しても不快感はほとんど増えないことがわかりました。

被験者にとって**マスキング音の正体が何かわからなければ、マスキング効果が生まれるどころか、不快感が増します。**騒音にノイズが加わっただけと認知されるからです。

しかし、視覚情報の樹木風景を見せながら再評価してもらうと、音源の正体がわかり、騒音自体の不快感が1ランク減りました（この数値は音の不快感が明確に減少したことを示す）。

図8 同じ音でも、視覚イメージが加わると不快感が減少する

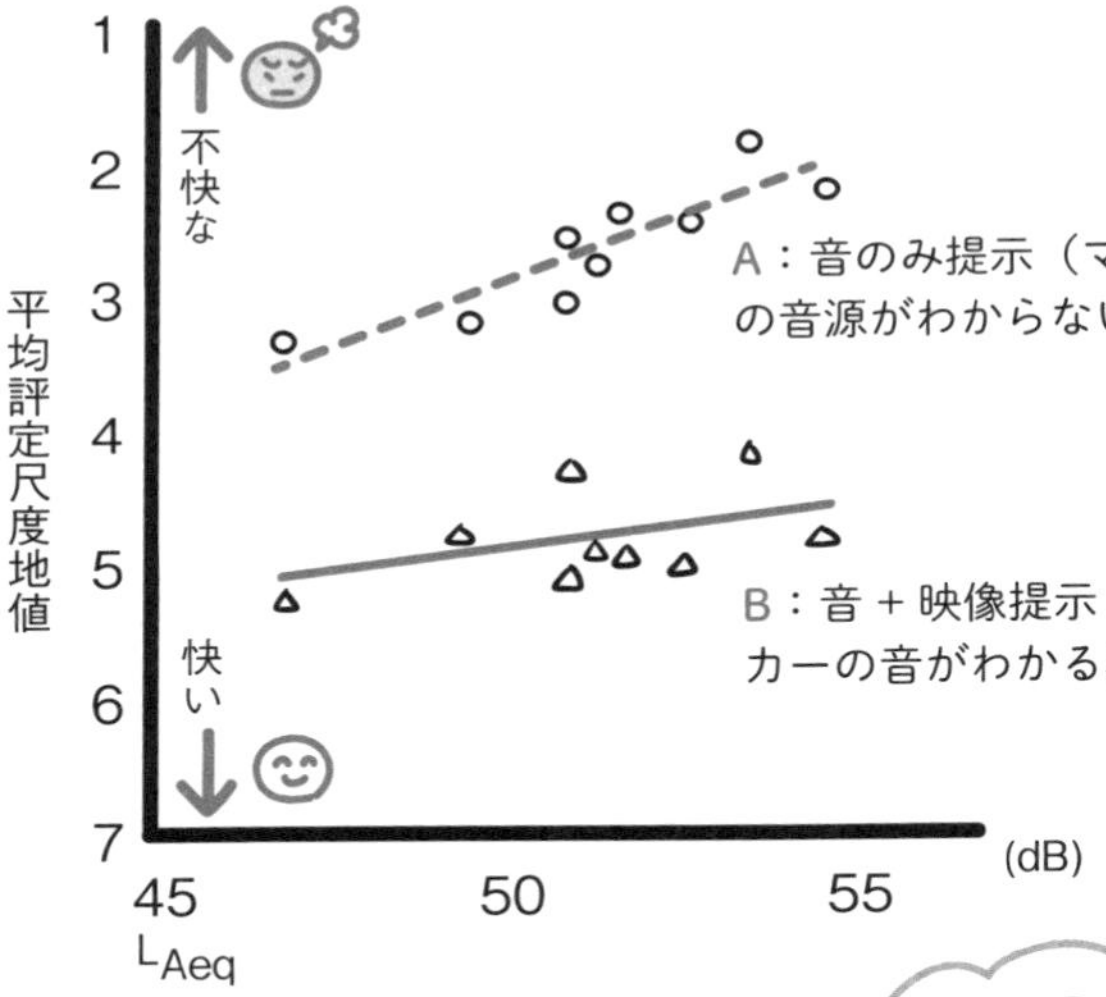

A：音のみ提示（マスカーの音源がわからない状態）　B：音＋映像提示（マスカーの音がわかる状態）

このように、マスキング音自体が「何の音であるか」が認識されないと、音の不快感を減らすことはできません。つまり、マスキング音を選定する際には、多くの人が好ましいと感じる音を採用し、それが何の音かわかったうえで使わないと、マスキング効果は生まれないのです（そのため、巻末の付録で紹介するマスキング音には、音源の写真を載せています）。

◌目には目を、音には音を

相克《そうこく》という言葉があります。対立したり矛盾したりする2つのものが、互いに勝とうとして争いを起こす意味です。ネガティブな意味合いで表される言葉ですが、マスキング・メソッドでは、2つの相反する音をぶつけ合わせることで、不快感を減らそうとするポジティブな方法なのです。

あるいは、弁証法の思考法と近い構造ともいえます。思考（テーゼ）と異質な思考（アンチテーゼ）があって、それらを掛け合わせると、超越した思考（ジンテーゼ）

になる、という考え方です。

「不快な音がある」という今の状態に、異質の別の音を組み合わせることで現状を超越し、元の音の不快感を散らす効果が発揮されるのです。

一見、乱暴な方法に映るかもしれません。しかしながら、**目に見えない音が目に見えない脳の中で処理される限り、自由で大胆な発想を取り入れると、思いもよらない効果がもたらされる**のです。

適切な音（マスカー）の選び方

マスキング・メソッドで使用する音の条件を並べてみます。

——不快感を与えない、よいイメージの音を使う

音の不快感は音量が上がるほど、増してくるのがふつうです。ましてや、いま聞こえている音に新たなマスキング音をプラスするのですから、冒険ともいえる方法

です。そこで大切になるのが、音源のイメージ。

私たちにとって心地よく感じる音の代表は、自然音です。川のせせらぎや波音といった**「水の音」を選ぶことが、最も無難**です。他には、人力で発せられる生活音やマスキング専用の音楽などを使用します。音トレを行う人の好みを最優先させましょう。

マスキングされる音と似た特性の音を使う

マスクされる音（本書では不快感を与える音）をマスキー、マスクする音をマスカーといいます。**マスキーである不快音の特性に近い種類のマスカーを使うとよい**でしょう。

具体的には、周波数（音の高さに関わる物理特性）です。同じ周波数をもつ音同士がマスキングされやすい特徴があるので、マスキーに近い周波数成分をもつマスカーを選ぶとよいでしょう。

ちなみにホワイトノイズ（テレビの砂嵐などの雑音。集中力が高まる音として注目されている）は、すべての周波数成分を組み合わせて生成される音なので、他の音をかき消しやすい性質があります。ただ、機械的なノイズの印象が強いので、マスキーとして使用すると違和感が生まれる可能性があります。自然音や生活音を使うほうが無難でしょう。

一定の響きが持続する音を使う

音には、時間的な変化が伴います。マスキーをかき消すだけの効力のあるマスカーは、音が急激に変化せず一定の時間継続して鳴り続ける必要があります。マスカーの音量が急に変化したり持続時間が短かったりすると、不快なマスキーがうまく消されなくなります。

本書で紹介する音源は、およそ5分の持続時間があり、急激に変化しない環境音（あるいは音楽的要素）を用います。**一定時間連続して使うことによって、気になる騒音の印象をぼかしていく**のです。

前意識としてスルーできる音を使う

マスキング音は、なるべく**目立たずに前意識でとらえらやすい地味な音であるべき**です。この点が、従来から頻用されているＢＧＭとは違うところです。

イヤな音を音楽で目立たなくする方法が一般的に知られていますが、主張のある作為的な音楽を使いすぎると、脳のワーキングメモリがいっぱいになります。その結果、ニュートラルな心理状態を維持することが難しくなります。

とはいえ、前意識だけで知覚されるスルーしやすい音ではいけません。抽象的な言い方をすれば、意識と前意識の両方でとらえられる音であるべきです。つまり、両方の中間領域にあるような音の存在。再生する音量は、大きすぎず、小さすぎないレベルが理想です。

ただし、人為的で作為のある音を使うと注意が向けられてしまうので、不適切です。

そこで、自然音や生活音を用いることをおすすめします。これらの音は、意味ではなく響きとしてとらえられる音であり、マスカーにふさわしいのです（本書で紹介する音源の一部には、音楽的要素を含んだものが含まれています）。

人によっては、音源がわかりづらい響きを味気なく感じたり、不快に感じたりする場合があります。そのために、必要最小限の音楽要素（メロディではなくハーモニー主体の楽曲）の音源を特別に制作しました。日々の体調に合わせて、適宜お使いください。

以上のようなマスキング音を積極的に選んで、マスキング・メソッドをお役立ていただければ幸いです。

第 2 章

イヤな音を
シャットアウトする
2つの音トレ

いよいよ、心の不調をやわらげる音トレの共通したメソッドをご紹介します。

音トレは、音の聞き方のゆがみを自覚し、前景音（図の音）と背景音（地の音）のバランスを整える方法です。

まずは、じぶんの意思で積極的に音の聞き方を変える音トレの「アテンション・メソッド」を実践します。

アテンション・メソッドで対処が難しい場合は、マスキング音を活用してイヤな音の知覚を散らす「マスキング・メソッド」を実践します。マスキング・メソッドはアテンション・メソッドと違って、積極的に音を意識する必要はありません。むしろ、音に意識を向けない受動的な聞き方が大切です。

音への注意の切りかえが難しい場合は、音をマスキングしてしまおう、というのが音トレの仕組みです。

まずは、すべての症例に共通した基本メニューを実践します。その後、第3章では「症例別音トレ」を紹介していますので、当てはまる症例があれば続けて実践してください。それでは、はじめてみましょう。

実践！アテンション・メソッド

まず、「音が消える瞬間」を実践してから、「体内の音」を感じ、続いて「体外の音」を感じ、最後に「音への注意力」を切りかえていきます。

これを2週間、毎日続けてみてください。実践ポイントは次のとおりです。

― 身体の力を抜いて、リラックスしながら取り組む

音に意識を過剰に向けることは、緊張感を引き起こす原因につながります。力んで音を聞くのではなく、**できるだけ身体の力を抜いて、リラックス**しながら行います。音を確認するだけでも、あるいは、何となく漂っている音を感じるだけでも、十分な効果があります。

騒音の少ない場所で行う

騒がしい場所で音を聞くと、必要以上に脳が疲れてしまい、音トレを行う体勢になりません。生活音が多少発生する場所でもかまいませんので、**気になる音が少ない場所**で行ってください。

呼吸音を意識する

ふだんの生活で呼吸音を意識する機会は少ないものです。音トレの実践には、じぶんの内側の身体感覚に意識を向けることが必要です。その際カギとなる音が、じぶんの呼吸音。**吸う音と吐く音の違いがわかるくらい**の注意力は必要です。

基本姿勢は、「座る」か「仰向け」

身体に余計な力が入っていては、音トレの効果が発揮できません。イスや床に座って、音がゆったり聞ける体勢になるように心がけましょう。身体の内側にある音を感じる場合は、座る姿勢よりも仰向けに寝て、**身体の自重を感じながら行う**と効果的です。

――できるだけ毎日、2週間は続ける

まずは**2週間、できれば毎日心がけて続けてみてください。**前意識で音をとらえる感覚は脳で自動制御されているので、止《や》めてしまうとすぐに元通りになってしまいます。行う時間帯は、起きたときか寝る前のタイミングがベストです。または、仕事の区切りや一段落ついたとき。**1日何回行ってもかまいません。**

――用意するもの

トライアングルや仏壇のおりんなど、減衰《げんすい》する音を出す楽器（音具）。

音がだんだん小さくなる現象を、減衰といいます。減衰音に注意することが、音トレの基本準備となります。金属打楽器やピアノ（単音）を鳴らしてもいいでしょう。

STEP 1

前意識の音を感じる

音が消える瞬間の音トレを行う前に、身体全体をリラックスさせます。気持ちをゆったりさせて、音具で減衰音を鳴らします。鳴らした音がだんだん小さくなっていく様子に、意識を集中させます。

音が消える瞬間を感じたら、すぐに周囲の音を感じましょう。これまで気づかなかった背景音（地の音）を感じられたら成功です。たとえば、いままで部屋で鳴っていた空調や、遠くの交通音などです。この音の世界が「前意識の音」です。

はじめは前景音として知覚されていた音具の音が小さくなっていくと、だんだん背景音に変わり、

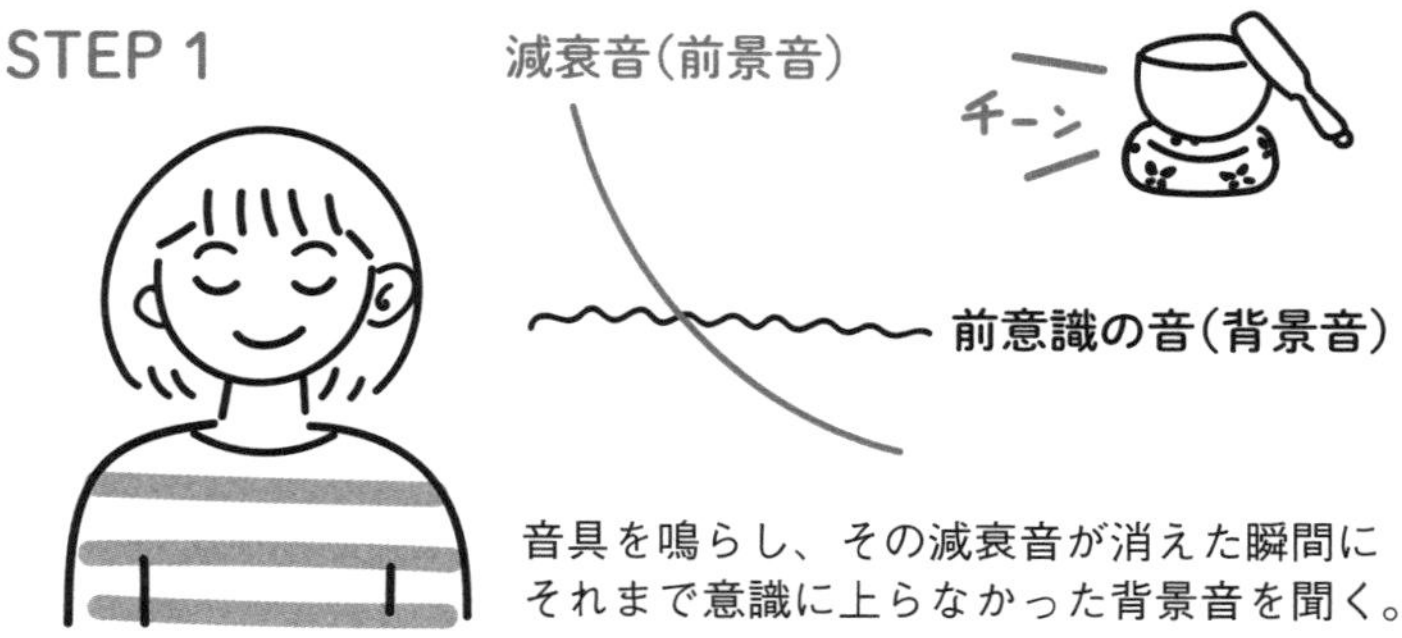

音具を鳴らし、その減衰音が消えた瞬間にそれまで意識に上らなかった背景音を聞く。

徐々に消えていきます。ところが背景音として漂っていた音は、前景音に逆転するのです。これが、前意識の知覚過程を広げる音トレなのです。

この聴感覚はスグに消えてしまいます。何度かやってみましょう。

STEP 2 体内の音を感じる

外からの音刺激から脳を護《まも》るために、体内の音を感じてみます。

仰向けになるか、楽に座ります。ゆっくりまぶたを閉じて、目を楽に休ませます。身体全体をからっぽの容器のようにイメージして、呼吸を観察します。

まずは、吸う息と吐く息に意識を向けます。音の

STEP 2

10回ほど息の吸って吐いてを繰り返し、その音に意識を向ける。その後、同時に目と耳をふさいで、体内の音を感じてみる。

違いを感じてみましょう。続いて、呼吸をできるだけ長い時間かけて行います。吸うと吐くをセットで10回分観察してみましょう。何かしなければならない、というあせりは禁物です。あるがまま、感じるままに呼吸の音を意識するだけで十分です。**最後に手か指で耳をやさしく覆い、目も同時に閉じて体内の音を感じてみます。**耳を指でふさぐ際は、指を深く入れないようにして、外の音をできるだけ遮断します。じぶんの体内の音をじっくり感じてみましょう。呼吸の音、内臓の音、高めの持続音（神経系由来の音）や低めの持続音（血管系由来の音）、さらには心臓の音が聞こえる場合もあります。

ふだんは気づかない体内の音が、あなたの生命を維持するために、いまこの瞬間でも休まずに鳴り続けています。体内の音を感じることによって、落ち着きと安心感をもたらします。

体内の音を感じることは、自己肯定感を高めるためにもきわめて有効です。あなたが納得するまで、体内音を感じるメソッドを続けてください。所要時間は自由です。

STEP3 体外の音を感じる

ＳＴＥＰ２と連続して行います。目と耳を閉じている状態を続けたあとで、ゆっくり目を開いて外の光を取り入れ、耳からゆっくり手を離し、**外の環境音を耳に取り入れます。**

その瞬間の音の感覚を大切にしましょう。これまで聞いていた音とは違う響きに感じられたでしょうか。この感覚も瞬間的で長くは続きません。一瞬でも音の聞こえが新鮮に感じられたら成功です。

身体の内の音と外の音を連続的に感じることで、聞こえのバランスが整い、聴覚的フレームのゆがみも取れていくのです。

STEP 3

ゆっくり目と耳を開き、周囲の音を感じ取ってみる。このとき、一瞬でも新鮮な音の響きを感じておきたい。

その結果、音への注意力の切りかえがスムーズに行えるようになるのです。

STEP4 音への注意力を操る

音への注意力を操る、とはどういう意味でしょうか。

見たい対象に合わせてカメラのレンズの種類（ワイドかズームか）を変えるように、**聞きたいものにピント（聞くことの注意）が向けられるようになること**です。

音には左右の広がりと奥行きがあります。目には見えませんが、音源の位置と立体感覚を、2つの耳と脳を使って瞬時に知覚できるのです。そのときに重要な概念があります。「気づき」と「注意力」（↓56ページ）です。

「気づき」は、地として感じる背景音を知覚している状態のこと。「注意力」は特定の音だけに耳を研ぎ澄ませて、図として知覚している状態のこと。

ふだんは、気づきと注意力がほぼ同じ円状にあります（↓57ページ）。このバランスを整えるには、野外に行くか、室内なら窓を開けて、広い範囲の環境音が感じられる空間をつくりましょう。

4つのプロセスがあります。

①音の遠近を、別々に狭く注意する

いま実際に聞こえている音の中で、一番遠くに感じる音に注意を向けます（たとえば、遠くの鳥の鳴き声）。そして、一番近くに感じる音に注意を向けます（たとえば、じぶんが呼吸する音）。その間、音の広がりの幅をできるだけ狭く感じる意識をもちましょう。感覚としては、一直線上に注意力が移動した印象です。

②音の遠近を、同時に狭く注意する

一番遠くに感じる音と近くに感じる音を「同時」に注意します。遠近両方にピントを向ける感覚です。別々でなく、遠近同時に感じるのがポイント。その間、音の広がりの幅をできるだけ狭く感じる意識をもちましょう。

③音の遠近を、別々に広く注意する

一番遠くに感じる音と近くに感じる音を「別々」に注意します。その間、音の広がりの幅をできるだけ広く感じる意識をもって行います。感覚としては、音が聞こえる幅が左右ワイドに開いていくような意識です。

④音の遠近を、同時に広く注意する

一番遠くに感じる音と近くに感じる音を「同時」に注意します。その間、音の広がりの幅をできるだけ広く感じる意識をもって行います。感覚としては、音が聞こえる幅が左右ワイドに開いていくような意識です。

各プロセスともに1分程度行えば十分です。最初は難しく感じるかもしれませんが、慣れてくると聞きたい音の位置を感じながら、音の左右（広がり）と前後（奥行き）を同時にとらえられるようになってきます。

STEP 4　音の注意力を操る４つのプロセス

① 音の遠近を、別々に狭く

② 音の遠近を、同時に狭く

③ 音の遠近を、別々に広く

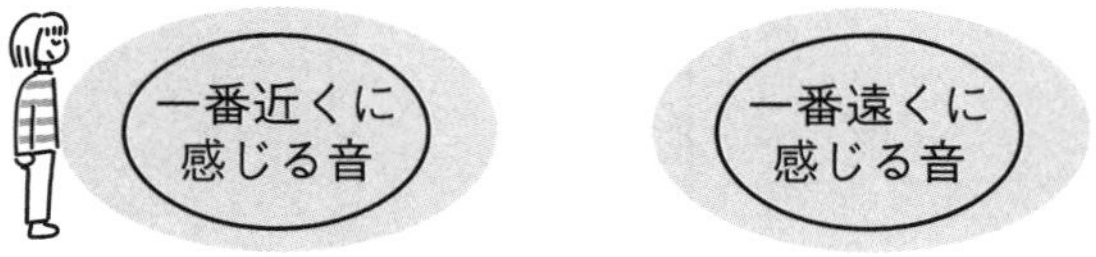

④ 音の遠近を、同時に広く

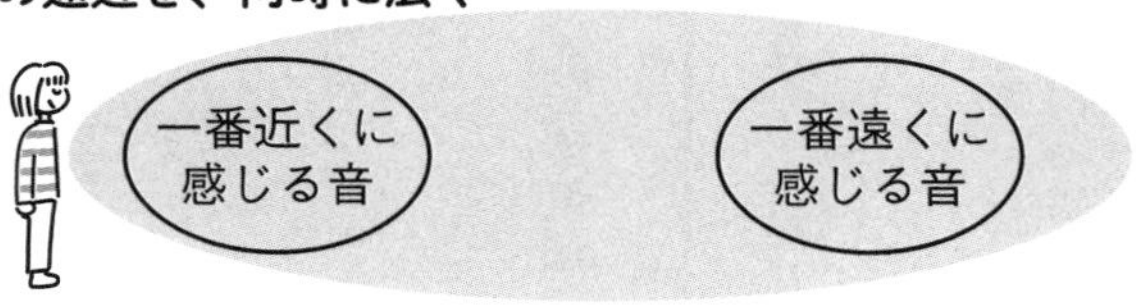

そもそも、アテンション・メソッドがなぜ必要なのでしょうか。理由は2つあります。

1つ目は、不快な音や気になる音の存在をいち早く察知することが必要だからです。**前意識ですでに感じる不快感があれば、グレーゾーンにある段階から、早めに不快の原因となる音に気づくことが重要**です。

2つ目は、注意力をワイドに切りかえて、不快な音の影響する範囲を相対的に小さくさせることが必要だからです。不快な音は前意識に移動させることは困難であるため、**意識的に聞こえる音の範囲を広げて音への意識を散らす、という戦法**です。

耳にはまぶたのような感覚遮断装置がありません。脳内で音を処理するしかないからこそ、音の聞き方の知覚を変える意識が重要なのです。そのために、私は音への注意力を切りかえる方法を開発したのです。

実践！マスキング・メソッド

マスキング・メソッドは、一刻も早く不快音を回避させたい場合に用います。アテンション・メソッドでは思うように改善できない場合に効果があります。

仕組みは、イヤな音に向かう意識を、別の音（マスキング音あるいはマスカーといいます）を使って弱めたりぼかしたりする方法です。

イヤな音に出くわしたり、不快な心理状態になったとき、それを解決するためのマスカー（マスキング音）を選び、実際に音を再生します。

音の不快感が現れたときに実践してみてください。

実践ポイントは次のとおりです。

気がついたら、即実践！

即効性のあるメソッドです。**周囲の音に違和感を覚えた時点で、素早く使うことが大切**です。ネガティブな音を感じる状態は、決して悪いことではありません。次の解決策を導くための大切なステップなのです。

あらかじめ、音源を聞いておく

本書には15種類のマスキング音（表2、および巻末付録を参照）を実装しています（QRコードで各音源のURLを読み取ります。パソコンの場合はURLを入力してください）。マスキング音にふさわしいバラエティ豊かな音源を特別に制作しました。**あらかじめそれらの音源を聞いておいて、どのようなシチュエーションに使えるか考えておきましょう。**

音源の種類は、〈楽曲〉〈環境音〉に大きく分かれます。続いて、〈自然音〉〈人工音〉に分かれます。さらに、〈定常音（音の状態が変化しない音源）〉〈変動音（音の状態が変化する音源）〉に分かれます。

表2 本書に収録したマスキング音のリスト

	音源名	楽曲 or 環境音	人工音 or 自然音	定常音 or 変動音	オススメの症例								
					耳鳴り	騒音	うつっぽい	HSP	不眠	聴覚過敏	発達障害	デジタル疲労	緊張感
1	楽曲1 →167ページ	楽曲	人工音	定常音		○	○	○	○	○		○	○
2	楽曲2 →167ページ	楽曲	人工音	定常音		○		○	○	○	○	○	○
3	楽曲3 →168ページ	楽曲	人工音	定常音		○		○	○	○	○	○	○
4	楽曲4 →168ページ	楽曲	人工音	定常音		○	○	○	○	○		○	○
5	水琴窟 →169ページ	環境音	人工音	定常音			○					○	
6	織機 →170ページ	環境音	人工音	定常音		○							
7	脱穀機 →171ページ	環境音	人工音	変動音		○					○		
8	焚き火 →172ページ	環境音	自然音	変動音			○				○	○	
9	川＋蝉 →173ページ	環境音	自然音	定常音	○			○				○	○
10	川＋虫 →174ページ	環境音	自然音	定常音	○			○				○	○
11	葉擦れ音 →175ページ	環境音	自然音	変動音			○				○	○	
12	波音1 →176ページ	環境音	自然音	変動音		○			○		○	○	○
13	滝音 →177ページ	環境音	自然音	定常音				○	○	○			
14	川音 →178ページ	環境音	自然音	定常音	○			○	○	○			
15	波音2 →179ページ	環境音	自然音	定常音	○			○	○	○			

＊音源は巻末付録のQRコードを読み込み（あるいはURLから）、再生してください。

再生環境を整えておく

音源を使いたい状況になったときすぐ使えるように、あらかじめ再生環境を整えておきましょう。

QRコードを読み取って（あるいはURLを入力して）音源を鳴らせるようにしておきます。**再生環境は、外付けのスピーカが望ましいでしょう。なければ、スマホの内蔵スピーカやお手持ちのヘッドホン（イヤホン）でも大丈夫**です。

マスキング音の再生はほどほどに

私たちは、音に慣れる習性があります。マスキング音を使って状況が好転したら、その時点でマスキング音の再生音を小さくしていくか、終了するとよいでしょう。**マスキング音に頼りすぎない音への耐性づくりも重要**です。

用意するもの

付属音源（QRコードで読み取るか、URLを入力する方式）が再生できる機器。

図9 マスキング・メソッドのイメージ

周囲の音を不快に感じたら…

マスキング音(マスカー)で上書きすることで
不快な音が気にならなくなる。

STEP1 じぶんの呼吸音を感じてみる

不快に感じる音に遭遇して、どうしても回避できないと感じたら、体内の音を意識してみます。特に**呼吸音を意識すると、外からやってくる音の刺激の注意をそらすことができる**ので、即効性があります。

しかもゆっくりていねいに呼吸音を感じてみると、しだいに落ち着きを取り戻すことができます。

STEP2 不快音に慣れる

私たちの知覚過程は、同じ刺激を感じ続けていると、そのうちに慣れが生じて、あまり意識しなくなります。呼吸音を意識することで、イヤな音への意識がうすらいできたら、その状態を持続させるようにしましょう。

別の対象を思い出して、物思いに耽《ふけ》るのも1つの方法です。不快音の存在がうすらいでいけば、その時点で音トレは終了です。

STEP3 マスキングする音（マスカー）を選ぶ

イヤな音の不快感が消えなければ、その時点でマスキング・メソッドを実践します。167ページに本書で紹介する音源リストを示しています。**いまの状況に対応する音源を再生してみましょう。**

いくつかの音源を実際に試してみて、一番違和感のないものを選んでみます。音量は、やや小さめからはじめるのが、聴覚に負担が少ないでしょう。

1つの音源は5分の再生時間となっています。5分経つと音がだんだん消えていくので、その時点で不快感がなくなれば、マスキング・メソッドは終了となります。

5分の再生時間で好転しない場合は、同じ音源を何度か再生したり、別の音源を試したりしてもよいでしょう。

STEP 4 イヤな音の不快感を減らす

マスキング音の再生で不快感が消えない場合には、**再生音の音量を徐々に上げてみましょう。**

対象となる不快音が目立たなくなる程度の音量まで上げて、不快感が減るかどうか試してみましょう。その時点で不快感がなくなれば、マスキング・メソッドは終了となります。

注意すべき点は、耳に負担をかけない程度の音量をキープすることです。極端に音量を上げてしまうと、耳や聴覚を損傷させる危険があるので、他の音源の再生音を聞く程度の音量よりも少し絞る程度に調整することを強くおすすめします。

いずれにしても、**マスキング音だけに頼るのではなく、心身をリラックスしたり、体内の音をじっくり感じることを併用させて、音トレを実践していきましょう。**

第3章

どんな不調も消し去る
9つの症例別音トレ

症例1

耳鳴り

うまく耳鳴りと共存するために

耳鳴りは「耳が鳴る」と表現しますが、脳の中枢神経系の症状です。世界の人口の20％近くの人に症状が表れるとの報告があり、65歳を超えると30％以上（約3人に1人の割合）が耳鳴りの症状で苦しんでいるといわれています。

耳鳴りには「自覚的耳鳴り」と「他覚的耳鳴り」があり、通常は自覚的耳鳴りを指します。聴覚野の神経活動が過剰に興奮し、脳の内部で「あるはずのない異音」が耳鳴りとして知覚されるのです。

人が難聴になると、特定の周波数（たとえば8kHzなど）の音が聞こえなくなり、ふだんは抑制されているはずの神経活動が聞こえなくなった音を補うようにして活性化し、脳の中で「ザワザワ」といった低音系の耳鳴りや、「キーン」といった高音系の耳鳴りを感じてしまうわけです。

｜目立たなくさせる音の聞き方

とはいえ、多くの人に持続的な耳鳴りの現象があります。前意識過程で耳鳴りをとらえているので、**ふだんは耳鳴りに意識が向かない状態です。ところが、何かのきっかけで耳鳴りを感じてしまうと、その音への意識が持続されてしまう**のです。そんなとき、耳鳴りをマスキングする音があれば、耳鳴りに注意が向きづらくなります（この原理を利用してＴＲＴ療法＝耳鳴り順応療法が行われています）。

残念ながら、持続的な耳鳴り自体は消えてなくなることはありません。だったら、**うまく耳鳴りと共存していく考え方にシフトするほうが、精神衛生上好ましい選択**といえます。

命に関わるような深刻な耳鳴りの症状であれば、一刻も早く医療機関に行く必要があります。生活に影響がない程度であれば、プロローグで紹介した認知療法（認知行動療法）の考え方が役に立ちます。

つまり、耳鳴りを気にさせないようなマスキング音を適宜再生し、耳鳴りの不快感を心理的に抑えていくわけです。ただ、耳鳴りにふさわしいマスキング音の開発は難しいのが現状です。理由は、人の体調変化に伴って、耳鳴りの聞こえ方も変わってくるからです。

じぶんの耳鳴りをまずは受け止め、耳鳴りを目立たなくさせる音の聞き方を実践していきましょう。

耳鳴りに対するアテンション・メソッド

- 川や滝など、轟音《ごうおん》のする場所に出かけ、水の響きを浴びてみよう。
- 周囲の生活音や街の音に意識を向けてみよう。
- 散歩に出かけて、まわりの音や足音を感じ、気持ちを切りかえよう。

耳鳴りに注意を向けない環境づくりが大切です。耳鳴り以外の音を意識する機会をつくって、心身ともに意識を体外に向けてみましょう。

その間も耳鳴りを感じることがありますが、じぶんと共存する気持ちで、**耳鳴りの存在を肯定する心構えをもちましょう。**

耳鳴りに対するマスキング・メソッド

耳鳴りそのものへの注意を散らし、耳鳴りをマスキングさせます。マスキング音を選ぶ基準は、**耳鳴りの音の高さや音色に近い音であること**です。音が変化せず、一定の状態を保つ音が望ましいでしょう。

いくつか試してみて、耳鳴りをにぶくさせるマスキング音を選んで実践してください。

オススメ音源

川＋蝉（↓173ページ）　川＋虫（↓174ページ）

川音（↓178ページ）　波音2（↓179ページ）

症例2

騒音

注意をそらすか、目立たなくするか

騒音の定義はあいまいです。騒音とは「望ましくない音をいう（JIS Z 8731:2019）」とあるように、人の主観的な判断を基準にしてとらえられている音なのです。どうして騒音は不快なのでしょう？　じぶんの意識でなくすことができない音だからです。

イヤな音があっても、じぶんや音源自体を移動すれば解決しますが、騒音だとそうはいきません。四六時中鳴りっぱなしの交通騒音だったり、近所にある工場の機械音だったりします。そうした音に対してはコントロール不能なので、騒音になってしまうのです。物理的な音量が大きいものばかりが騒音ではない理由が、おわかりになるでしょう。

当面の間、騒音に身をさらされる環境では、まともに聞き続けると心理的にまいってしまいます。**気になる音があれば、人の心理はその音に注意を向け、聞こうとする意思が働いてしまう**のです。イヤな音を避ければよいのですが、矛盾した反応です。人間の心理は一筋縄ではいかないのです。

無理に受け入れない

騒音を気にならなくする方法は、**騒音自体から注意をそらすか、騒音を目立たなくするマスキング音を流す**ことです。騒音を無理に受け入れようとする必要はありません。イヤなものはイヤ！　という素直な気持ちは大切にしましょう。騒音を回《かい》避《ひ》する行動や環境を整えることが重要になってくるのです。

騒音に対するアテンション・メソッド

- 落ち着ける音の場所を探してみよう。
- 息を吸う音と、息を吐く音の違いを感じてみよう。

●騒音源を観察して、何かを突きとめよう。

騒音から耳をそらす環境づくりを考えてみましょう。騒音にどうしても耐えられなければ、その場所から（一時的であるにせよ）逃げることです。ずっと同じ場所にいて、我慢する必要はありません。我慢できるレベルであるけれど、少し気になる程度であれば、じぶんの身体の音（とりわけ呼吸の音）に注意を向け、騒音に向ける意識を散らす方法も有効です。

人には「慣れる」という心理特性があります。時間のヤスリをかけていけば、**最初は我慢できないレベルの騒音であっても、極端な違和感がしだいに減ってくることもある**のです。

さらには、認知療法的アプローチもあります。騒音となる音源そのものを観察して、それが何の音であるかをじぶんの目で確かめることが有効です。騒音自体をなくせない場合は、その対象をまず認識する方法を取ってみるのもよいのではないでしょうか。

騒音に対するマスキング・メソッド

騒音への注意を散らし、騒音をマスキングさせます。マスキング音を選ぶ基準は、**騒音の物理的特徴に似た音であること**です。まずは音質が似ているかどうか。続いて、時間的な音量の変化はどうなのか、といったところです。環境音でマスキングが難しい場合は、楽曲音源を使う手もあります。

人にとって楽曲は、意識を向ける類《たぐ》いの音であるため、騒音に向けている注意をよりそらす効果が期待できます。次のオススメ音源を中心に、騒音の不快感を弱めるような音源を自由に選んで実践してみてください。

オススメ音源

楽曲1（↓167ページ）　楽曲2（↓167ページ）　楽曲3（↓168ページ）
楽曲4（↓168ページ）　織機（↓170ページ）　脱穀機（↓171ページ）
波音1（↓176ページ）

症例3

うつっぽい心理状態をニュートラルにする音環境づくり

30人に1人が、ここ1年でうつ病などの気分障害にかかっているとの報告があります。発病してから早く病院に行くほど改善しやすくなるので、悩んでいる場合は診察を受ける必要があります。

うつ病を音の力で改善する効果としては、直接的作用というよりも、間接的に周辺環境を整えることが中心になります。つまり、おおらかに生きることを感じさせるための音環境づくりといった、生活療法的なアプローチを取るのです。

―― 音環境を整える

生活療法とは、自力で規則正しいリズムある生活習慣を営む方法です。社会療法ともよばれていて、うつ病にかかった人が、社会生活をするうえでの問題を整理し、日常生活で必要な行動を向上させ、社会性を取り戻すことを促す医療支援です。

具体的には、気分を整えたり睡眠をしやすくする音環境をつくっていきます。

気分を整える環境づくりは個人差が大きいので、その人が落ち着ける音をじっくり探していくしかありません。うつっぽい症状は日々の体調によって変化するので、**その時々に調和する音に配慮したり、生活にリズムをつけるために近場を散歩して音を感じることも、有効な方法**です。

じぶんがもともともち合わせている正直な気持ちや、過去の体験を思い出すなど、回想療法とよばれる心理的環境を改善するアプローチを併用させてもよいでしょう。

心理状態をニュートラルにする音環境づくりに心がけましょう。

うつっぽいときのアテンション・メソッド

- じぶんの内側から聞こえてくる正直な心の響きに耳を傾けよう。

- いままでの中で、一番遠くで聞いた音風景を思い出してみよう。
- 静かな場所で音を感じ、思いつくまま記憶を手繰《たぐ》り寄せてみよう。

じぶんの**原点を素直に感じ取る音の聞き方**です。特定の音に注意を向けるのではなく、前意識で感じられる背景音を何気なく感じることで、これまで記憶されてきた事柄同士が新たに結びつき、気持ちの整理につながっていきます。

ただし、あまり考え続けると、症状を悪化させる場合があります。時間を決めて、考えるときと他のことをするときとをうまく分け、規則正しい生活リズムを営むように心がけましょう。

うつっぽいときのマスキング・メソッド

気分の落ち込みが激しいときや、寝付きが悪いときなど、とりわけ音がもたらす不快感が増長することがあります。その際はマスキング音を再生すると、いまの心理状態を音で換気したり、リセットをかけたりする効果が期待できます。

うつっぽいときに適切なマスキング音としては、**じぶんの気持ちが安らぐ音色を感じる音源**がよいでしょう。楽曲の使用は好みにもよりますが、ポジティブ感が漂う「楽曲1」「楽曲4」をはじめ、環境音の「水琴窟《すいきんくつ》」「焚《た》き火《び》」「葉擦れ音」を中心に、心を整えるバランスのよい音源を再生して、実践してみてください。

オススメ音源

楽曲1（↓167ページ）　楽曲4（↓168ページ）　水琴窟（↓169ページ）

焚き火（↓172ページ）　葉擦れ音（↓175ページ）

症例4

HSP（繊細さん）
無理に押し殺さず、意識を休ませる

HSPとは「とても敏感な人（Highly Sensitive Person）」のこと。周囲の刺激や他人の感情を、必要以上に受け止めてしまう傾向があります。最近では、「繊細さん」という名称で知られるようになりました。世の中のおよそ5人に1人がHSPの傾向があるといわれています。

ただ、HSPは精神疾患とは診断されません。性格の傾向を分類した概念なので、過剰に深刻になる必要はありません。HSP傾向のある人は、「深く考える」「まわりの環境に敏感である」「人の気持ちに共感しやすい」「感覚が鋭い」といった傾向があるため、周囲の環境や人と接する場合に、独特の生きづらさが生まれます。

HSPはじぶんの感覚に入ってくる刺激に否応なく反応します。**特にじぶんが選べない刺激や情報には、不快感を募らせたりいら立つことも多い**のです。

たとえば、突発的に響く大音量の音には、過剰な拒否反応を示します。店内の騒がしいBGMや人の声のある場所では、会話を円滑にやりとりすることが困難になります。

つまり、**前意識で処理されている背景音にも注意が向けられ、脳が音の情報処理に追いつかなくなる**のです。外的刺激の「ふるい分け」が難しい状況を、いかにカバーするかが大きな課題になります。

外的刺激をブロックするための選択肢

そういう意味で、**何か違和感のある音にぶつかったら、アテンション・メソッドで行う「じぶんの内側にある音感覚に注意を向ける」ことの徹底を心がけましょう。**意識を休ませるための、じぶんが安心する行為（たとえば、呼吸の音を感じることや何もしないことなど）をあらかじめ決めておくとよいでしょう。

それでも不快感を回避できないときは、マスキング・メソッドを行えるように、あらかじめ準備しておきましょう。外で常に使えるようにスマホ（あるいは携帯音楽再生プレーヤー）と、お気に入りのイヤホンを用意するのが得策です。

さらに困難な場合は、イヤホンやヘッドホンのノイズキャンセリング機能を使って、**周囲の音を物理的にシャットアウトする**ことも選択肢として考えられます。

芸術家や音楽家の中には、じぶんがＨＳＰと公言する人が少なくありません。イヤな音に対しては意識を遠ざけ、音への敏感な反応作用を作品づくりに生かすアーティストが見受けられます。

本人のとらえ方を柔軟にしてＨＳＰの傾向を肯定的にとらえ、できるだけうまくつきあっていく姿勢が大切です。

ＨＳＰに対するアテンション・メソッド

- 好きな曲を見つけて、部屋をその響きで満たしてみよう。
- 身体の中にある、安心する音の響きを見つけてみよう。

●不快な音をスルーするか、物理的な逃げ場所を探しておこう。

ＨＳＰは音への感度が高い傾向にあるので、**無理に押し殺すのではなく、不快な音が出現したらスグに回避できる環境を準備しておくことが大切**です。自宅以外の場所であれば、別の場所に移動できる可能性を考えておいたり、音の聞き方を切りかえる（つまり、気になる音に注意を向けないようにする）意識が重要です。

気分が穏やかな状態で、じぶんの好みの音が聞ける環境であれば、積極的に音の肌理《きめ》をじっくり味わったり、音の響きによろこびを感じてみましょう。

ＨＳＰに対するマスキング・メソッド

不快な音に我慢できず、その場からどうしても逃げられないとき（公共交通空間など）で、アテンション・メソッドの効果が感じられない場合は、マスキング音を選択して再生してみましょう。

ＨＳＰに適切なマスキング音としては、**刺激の少ない安定した定常音の音源が望ましい**でしょう。楽曲（「楽曲１〜４」）であれば好みの音源を、環境音であれば「川＋蝉」「川＋虫」「滝音」「川音」「波音２」が安定感があります。意識を向けている音の存在を、少しでもぼかすマスキング音を選択して、平穏な状態に戻していきましょう。

オススメ音源

楽曲１（↓１６７ページ）
楽曲２（↓１６７ページ）
楽曲３（↓１６８ページ）
楽曲４（↓１６８ページ）
川＋蝉（↓１７３ページ）
川＋虫（↓１７４ページ）
滝音（↓１７７ページ）
川音（↓１７８ページ）
波音２（↓１７９ページ）

症例5

不眠

寝室の感覚環境を整える

不眠とは、精神的なストレスや身体的な苦痛などによって十分に眠れない状態をいいます。

生活リズムの乱れや心配事などが原因で、眠りの質が浅くなります。睡眠問題が1カ月以上続き、さまざまな症状が引き起こされる状態になると、不眠症としての治療をしなければなりません。

不眠症状は「入眠障害」「中途覚醒」「早期覚醒」「熟睡障害」の4つに分けられます。睡眠不足になると、他の病気を併発しがちになり、仕事のパフォーマンスが下がったり、太りやすくもなり、デメリットだらけです。

対策としては、食事・嗜好品《しこうひん》（アルコールやカフェインなどの摂取）に配慮したり、軽い運動を続けたり、寝る環境を整えることが重要です。

入眠の音環境がカギ

音のアプローチで不眠対策を考えてみると、**特に入眠障害（入眠時のタイミング）に効果が期待**できます。寝る前の寝室の感覚環境を整える項目の1つとして、音環境に配慮することは心理的にも重要なことです。理由としては、目は閉じられますが耳は閉じられないからです。寝る前後はもちろん四六時中、脳は外界にある音の脅威に曝《さら》されているのです。

まずは、できるだけ部屋の外から侵入してくる不快音を減らすようにしてください。部屋の中にも持続音が鳴る器具（たとえば家電など）があって、遠ざけられるのであれば、移動させるか電源をオフにするのがおすすめです。

いよいよ入眠時。なかなか寝つけないときは、音の意識を変えるアテンション・メソッドを実践してみましょう。はじめは体外の音が気になる状態であっても、**しだいに体内の音（特に呼吸音）に注意を向けてみましょう。**ゆっくり呼吸をしながら、呼吸音の数を数えると効果が期待できます。つまり、外の刺激に意識を向けない注意の切りかえが重要なのです。

それでも変化がないときは、マスキング・メソッドを実践して、**マスキング音をほのかに流しながら、ゆるんだ状態で入眠を待つ**とよいでしょう。

このように、不眠対策には、入眠時の音環境づくりが有効なのです。

不眠に対するアテンション・メソッド

- 息をゆっくり吐く音を10回ていねいに観察して、心にやすらぎを与えよう。
- いままでで一番遠くに出かけたときの音の響きを思い出してみよう。
- 思い出す限りの、一番昔に聞いた音の響きを思い出してみよう。

入眠時は、たった1つの微細な音量の音であっても、いったん気になりだすと強い注意が向けられ、寝つきが悪くなります。それを避けるために、じぶんの体内を感じる音や、ここではないどこかの感覚（たとえば、昔に聞いたことのあった音やそれに

まつわる記憶を思い出してみるなど）を想起するのも有効です。**過去の音の響きを思い出すことによって、入眠時に感じてしまう現場の音の意識を他に散らすことができる**のです。

気分をゆったりさせて、おおらかになる音づくりを心がけましょう。

不眠に対するマスキング・メソッド

外からの不快音で、どうしても寝つきが悪くなるときには、マスキング音を聞きながら入眠環境を整えていきましょう。

不眠に適切なマスキング音としては、**ＨＳＰと同様に刺激の少ない定常音が望ましい**でしょう。さらに、**具体音というよりも抽象音がおすすめ**です。意識が覚醒しないからです。楽曲は聞く人の好みによりますが、いくつかを試して効果の感じられる音源を選択するとよいでしょう。

楽曲（「楽曲1〜4」）であれば好みの音源を、環境音であれば、考えごとをしなくてもすむようなぼんやりした音源を使って、入眠しやすい音環境づくりを行いましょう。

オススメ音源

楽曲1（↓167ページ）
楽曲2（↓167ページ）
楽曲3（↓168ページ）
楽曲4（↓168ページ）
波音1（↓176ページ）
滝音（↓177ページ）
川音（↓178ページ）
波音2（↓179ページ）

症例6

聴覚過敏
聴覚を育て、イヤな音を注意分散する

聴覚過敏は、字のごとく「聴覚」に「過敏」性のある人のことをいいます。HSPも敏感であったり繊細であったりしますが、**聴覚過敏の人はHSPよりも深刻**です。敏感を通り越し、音に過剰反応して極度に疲れることがあるからです。疲労がたまると症状が出やすくなるので、早めに休息やリラックスできる方法を事前準備しておくことが大切です。

典型的な症状としては、商業施設などで人の話し声や館内放送、BGMや機械音など、過剰な音環境に曝されるとパニックになる可能性が高くなります。交通空間を極度に嫌がる人もいます。それを避けるには、静かな場所に移動するか、イヤーマフや耳栓、ノイズキャンセリング機能のあるヘッドホン（デジタル耳栓）を活用し

て、外界の刺激を遮音する方法が取られています。

ただ、聴覚過敏をはじめとした感覚過敏は、人それぞれの特性であるため、刺激に慣れたり敏感さが減ることはありません。むしろ、**聴覚過敏という特性を自覚し、音の聞き方を自力で変えていく覚悟が必要**です。障害児・者施設等で体操指導にあたり、著書も多い栗本啓司《くりもとけいじ》は、音に慣れるというよりも、じぶんの身体感覚（たとえば、首・顎関節《がくかんせつ》・股関節《こかんせつ》・足裏など）の状態を観察し、身体全体をゆるめていく方法の有効性を述べています。聴覚それ自体は独立していません。身体と連携を密にした器官なのです。

聴覚を育てるとは？

聴覚過敏の人は、日々の生活の中で不快音に対する自己制御を行うことが有効です。認知療法的なアプローチで、**イヤな音源それ自体を観察しながら、じぶんの聴覚をじっくり育てていく寛容さが求められます。**

その育て方のカギは、アテンション・メソッドにあります。不快音に対する注意を分散させる耳の使い方を、徐々に体得していくわけです。イヤな音に出くわした場合、注意を向けてしまっている状態をずらし、徐々に別の対象に外してみる、といった音の聞き方があります。

全体の音環境をぼうっと聞くようなスタンスがあれば、音への切りかえがだんだん育ってきます。短期間で解決できる方法はありませんが、すべての音の刺激を受け入れることは、じぶんの聴覚を育てるチャンスです。

体調の変化に配慮しつつ、自らの力で音の聞き方を成長させていきましょう。

聴覚過敏に対するアテンション・メソッド

- 耳を休ませるために、両手で耳を軽く覆い、呼吸をゆったりしてみよう。音の聞こえがあいまいになったら、効果あり。
- 呼吸をするときにお腹がふくらんだりしぼんだりするときの音を意識してみよう。ゆったりていねいに。
- じぶんの内側にある音の感覚を、じっくり観察してみよう。

いずれのメソッドも、表面的な音の聞き方は変化しません。

大切なのは、**身体全体をゆるませ、感覚のコンディションを総合的に整えること。**聴覚だけでなく、身体も知らず知らずのうちにゆがみが発生しています。そうした力みのかからないニュートラルな身体づくりが、音に対する注意の偏りも取り戻してくれるのです。

まずは、じぶんの体内にゆったりと意識を向けてみてはいかがでしょうか。

聴覚過敏に対するマスキング・メソッド

目の前の苦手な音に過剰反応したとき、その場所から離れることができなかったり、イヤーマフなどの音感覚遮断用具がない場合があるかもしれません。

そのときの緊急的な対処法として即効性のあるものは、**「じぶんの呼吸音」に注意を向ける**ことです。じぶんの身体感覚の手応《てごた》えを少し感じるだけでも、注意力の分散につながります。

それでも難しい場合、手元に音源再生装置（たとえば、携帯音楽プレーヤーやスマホなど）があれば、不快音をマスキングすることで、対処療法ではあるものの症状が軽減されることがあります。適切なマスキング音としては、楽曲（「楽曲1～4」）であれば好みの音源を、環境音であれば「波音2」「滝音」「川音」がやや抽象的な音で安定した音環境が保たれます。

とはいえ、マスキング音や音感覚遮断用具に頼りすぎず、**無理のない程度に、音の聞き方を積極的にコントロールすることをおすすめ**します。

オススメ音源

楽曲1（↓167ページ）　楽曲2（↓167ページ）　楽曲3（↓168ページ）
楽曲4（↓168ページ）　滝音（↓177ページ）　川音（↓178ページ）
波音2（↓179ページ）

症例7

発達障害
注意力を別のターゲットに分散

発達障害とは、生まれつき脳機能の発達にアンバランスさがあったり、凸凹《でこぼこ》があることによって、社会生活に困難をきたす障害のことです。

発達障害の分類としては「ADHD（注意欠如・多動症）」「ASD（自閉スペクトラム症）」「LD（学習障害）」「DCD（発達性協調運動障害）」の4つがあります。

これらの特性は生まれつきのもので、ほとんどの人に多かれ少なかれ見受けられる可能性のある特性です。ただ、非定型の発達特性によって日常生活がうまく送れなくなる場合があります。これを「適応障害」を起こすといいます。社会環境に適応できず生きにくさが起こる場合に、「発達障害」という言葉が使われます。

じぶんの特性と向き合う

一番大切なことは、**じぶんの特性とうまくつきあい、まわりからの支援がスムーズになる環境をつくること**です。

そのうえで、音に注意を向けることで感覚を引き上げる機会をつくったり、何か困難な場合に遭遇するとき、**音への注意力を別のターゲットに分散させることで、心理的な不快感を軽減させる**効果が期待できます（拙著『発達が気になる子のイヤートレーニング』には、発達が気になる子の特性とうまくつきあっていくためのトレーニングを豊富に紹介しています）。

発達障害に対するアテンション・メソッド

- できるだけ長く息を吐いて吸って、その音をじっくり感じてみよう。
- 目を開けて音を聞くのと、目をつぶって音を聞くのとでは、どう違うのでしょうか。ちょっと試してみよう。
- 寄り道をして、いつもと違う音の聞こえ方を楽しもう。

前述の聴覚過敏の方法と似ています。非定型の発達特性のある人も、体外からの感覚には過敏で、体内の感覚には鈍い傾向があります。

じぶんの内側にある身体感覚や呼吸感覚を意識しはじめると、外と内にある刺激を受容するバランスが良好になり、緊張している状態と弛緩《しかん》している状態とがスムーズに切りかえられるようになってきます。そのためには、内側にある感覚をゆったり自覚する機会をつくることが重要なのです。

発達障害に対するマスキング・メソッド

非定型の発達特性がある人は、外部からの刺激に慣れを感じにくい場合があります。定型の発達特性の人にとっては何気なく過ぎ去る感覚世界であっても、一つひとつの刺激がもつ肌理《きめ》や変化といった微細な違いに対し、新鮮な発見をすることもあります。それをうまく引き出すことによって、少しでも長く対象への注意を長くさせることが可能になるのです。

ですから、マスキング・メソッドで紹介する音を前意識的に使うのではなく、**音源そのものを味わい楽しむといった、意識の対象として関心を向けて聞くことをおすすめ**します。適切な音としては、**変化に富んだ音源が相応《ふさわ》しい**でしょう。楽曲であれば「楽曲2」「楽曲3」といった時々刻々音の構造が変化する音源であったり、環境音であれば「脱穀機」「焚き火」「葉擦れ音」「波音1」といった肌理の変化が豊富な音源がおすすめです。

本人だけでなく、親やまわりの人が積極的に支援することで、双方が育て合える機会になるのが理想的です（これを、ペアトレーニングといいます）。

オススメ音源

楽曲2（↓167ページ）
楽曲3（↓168ページ）
脱穀機（↓171ページ）
焚き火（↓172ページ）
葉擦れ音（↓175ページ）
波音1（↓176ページ）

症例8

デジタル疲労

休息時の音の聞き方で改善

2020年以降、私たちはコロナ禍の影響でリモートワークを余儀なくされ、デジタル機器を使う頻度が極端に高くなってきました。スマホやパソコンをはじめ、目からは大量の視覚刺激が、耳からも過剰な音刺激を脳に取り込む機会が格段に増えました。

デジタル疲労（デジタルライフ疲労）とは、デジタル機器を多用・頻用することにより、眼精疲労や肩凝りなどの身体の疲労だけでなく、意欲の低下やコミュニケーション力の低下といった精神的な疲労を複合的に感じる症状を指しています。デジタル疲労といえば、いままでは視覚的な不調が目立っていましたが、**聴覚からくる疲労も見逃すわけにはいきません。**

たとえば、ビデオ会議をしているときの音環境。直接対面の状態であれば、人の生声をじかに耳で感じ取り、表情やジェスチャーといった視覚情報も加味して、スムーズなコミュニケーションが行えていました。ところがメディアを介してのリモート会話は、インフラ性能の限界もあって、途中で聞こえづらい状況になることが少なくありません。

そんなときは、脳で無自覚に（正確に伝わっていない）音の意味を補正しています。相手の伝えたい意味的な内容はもちろんのこと、発話者がどのような感情で喋《しゃべ》っているのかも、必死で推測しているわけです。

つまり、**ノンバーバル（非言語）の情報がバーチャル環境だと伝わりづらくなり、音量を上げたり過剰な気づかいが生まれ、特定の音に注意を向けすぎる音環境が生み出されてしまっている**のです。

その結果、音が原因のデジタル疲労が無自覚のうちに脳に蓄積されます。

リモート会議を終えた直後の耳からくる独特の疲弊感は、デジタル機器を使った多くの人が体験する現象でしょう。平常の精神状態に戻るのに、多少の時間を要します。

┃休息が少ないからこそ、聴覚の力を使う

その状況を克服するためには、休息がとにかく重要です。ところが休息を取る時間でさえ、デジタル機器を使っているのが現代人の実態。デジタル機器を一時的であるにせよ、なかなか遠ざけられないクセは、多くの人が感じていることではないでしょうか。

幸いにも、日々の生活の中で積極的に休息を取る習慣を意識づければ、いまの状況を変えることは可能です。

聴覚は視覚と違い、人の感情に影響を与える強度が高く、短時間であっても音の聞き方を変える意識があれば、改善の見込みがあります。つまり、休息時の音の聞き方を前意識的な領域にワイドに向けるのです。

デジタル機器からくる聴覚疲れをリセットする意識をもちましょう。

デジタル疲労に対するアテンション・メソッド

●窓を開けて部屋の中を換気するように、窓を開けて音も換気しよう。

●酷使している耳をゆったり休めてみよう。イヤホンを使わない日を設定してもいいですね。

●首をゆっくり左右に振って、音の変化を味わってみよう。

デジタル疲労の緩和には、休憩時間に特定の音に注意を向けず、聴点をワイドにして耳を休めることです。**遠くにある緑の風景を見て目を休めるのと同様に、遠くの音をぼんやり聞いて耳も休める**ようにしましょう。意識でとらえる音の聞き方を外し、前意識にある音の響きに身をまかせるのです。

また、**半強制的にメディア機器からくる音をあえて聞かない期間を設ける方法も有効**です。具体的にはデジタル機器から身を遠ざけ、外に出かけて散歩することや自然音を浴びることが、聴覚の立派なデトックスになります。

時間の余裕のない場合には、まわりの音に注意を切りかえる方法が有効です。首を動かして音の響きの変化を変えるのもよいでしょう。あるいは、機器の音量を1ランク下げてみたり、イヤホンやヘッドホンを使う人は、スピーカに切りかえて音を聞いてみると、耳から音源が遠ざかるので、耳への負担が減ります。

デジタル機器を効果的に使い続けるための工夫を、いまのうちから実践していきましょう。

デジタル疲労に対するマスキング・メソッド

不快音をマスキングする方法は、デジタル疲労にはあまり向きません。むしろ、現状の心理状態を切りかえたり、違う音の種類に意識を向ける方法が効果的です。つまり、音を使って心の状態を換気するわけです。

楽曲であれば「楽曲1〜4」の中で、**いまのじぶんの感覚にマッチする音源**を選び、目を閉じて（視覚情報を感覚遮断して）しばらく聞いてもよいでしょう。環境音であれば、**音から風景を想起できるような音源を選び、その世界にしばらく浸って**

みることをおすすめします。

音楽心理学の分野で「同質の原理」という用語があります。**いまのじぶんの心理に見合った音楽を聞くことが、心の調和につながる**という理論です。

私たちは、同じ心理状態であり続けることはありません。その都度、心の状態を冷静に観察して、じぶんが求めている音（あるいは他の五感要素）を、素直に取り込む姿勢が重要ではないでしょうか。

オススメ音源

楽曲1（↓167ページ）　楽曲2（↓167ページ）　楽曲3（↓168ページ）
楽曲4（↓168ページ）　水琴窟（↓169ページ）　焚き火（↓172ページ）
川＋蝉（↓173ページ）　川＋虫（↓174ページ）　葉擦れ音（↓175ページ）
波音1（↓176ページ）

症例9

緊張感

注意の切りかえと、いざというときの準備

大勢の前で話をするとき、はじめての人に交渉の電話をかけるとき、試合や試験の直前……。そんなとき、緊張してうまくできないのではないかと心配する経験は、誰にでもあるのではないでしょうか。

緊張しない状態では、自律神経（交感神経と副交感神経）がバランスよく働いています。緊張すると交感神経が優位になり、心身に変調が出てきます。心臓がドキドキしたり、手に汗がにじんだりして、その場から逃げたくなります。

とはいえ、適度な緊張感は悪いことではありません。ノルアドレナリンがほどよく分泌され、集中力や判断力が高まるからです。ただし、必要以上に緊張すると不安感が増して悪循環になるので、注意が必要です。

緊張をやわらげるには、どうすればよいでしょうか。緊張しているとき、私たちはじぶん自身に意識が向きがちになります。それを散らすために、**じぶん以外の対象に注意を切りかえる**のです。

たとえば、目の前にいる相手の顔や姿を冷静に観察すること。細かく眺めることによってじぶんに注意が向きづらくなります。

前意識で感じることで緊張をほぐす

音の力で緊張感をなくすには、2つの方法があります。

1つ目は、**じぶんの好きな曲に一時的に没頭する**こと。好きな曲でかまいません。曲そのものに意識を向けると、じぶんが緊張している状況から心理的距離を置くことができます。曲を聞くときは、細かく分析的に行うと効果的です。

たとえば、どんな楽器で演奏されているのかとか、1つの楽器（ドラムやベースなど）を分離させて曲を聞いてみると、前意識的な音のとらえ方が芽生えて緊張感を緩和しやすくなります。

2つ目は、**前意識で感じられる音（部屋で聞こえる物音や気配など）に注意を向けること。**じぶん以外の音に意識を向けることで、緊張感で頭がいっぱいの状態から逃れることができます。

とはいえ、ふだんから積極的に「音の聞き方」の切りかえであるアテンション・メソッドを実践しておき、**いざというときに冷静に対処するという準備の構えをもつ**ことが重要です。それに加え、勝負事の本番前には睡眠時間を十分に取り、ゆったりした呼吸も行って、緊張感を総合的にコントロールしていきましょう。

緊張感に対するアテンション・メソッド

- いま聞こえる音で、一番遠くの音に耳をすませてみよう。
- 雲を見て、そこから生まれる響きを想像してみよう。
- いま聞こえた音を、1つずつ数えてみよう。

音の意識をじぶん以外の対象に向け、緊張感を緩和する方法です。**いまいる場所**

ではないどこか遠くの世界を感じるようにして、徐々に緊張感や不安感を遠ざけていくのです。

そのとき、呼吸も意識しましょう。5秒で鼻から息を吸い、10秒かけて口から息を吐き、さらに5秒かけて肺の空気をすべて吐き切る、という方法が緊張の緩和に有効との報告があります。

適度な緊張感は、活動のパフォーマンスを上げてくれます。音の聞き方を味方につけて、緊張感を解いていきましょう。

緊張感に対するマスキング・メソッド

いま、ここにいる身体感覚を、しばらくのあいだ遠くに解き放ってくれるような音の聞き方が、緊張感をほぐすコツです。それを促すマスキング・メソッドの音源としては、**意識にしっかり入る楽曲がよい**でしょう。

特に「楽曲1〜4」の中で、気に入った音源があれば、それを集中して聞いてみましょう。そのとき、曲がどんな楽器で構成されているのか、曲の構成（時間的な変遷）はどうなっているのかを分析しながら集中して聴くと、じぶんに向ける注意を散らすことができます。

あるいは、過去の記憶を思い出させるような音源も有効です。音を聞くことで記憶を手繰り寄せ、じぶんへの意識を別の対象にもっていくことが、緊張感の緩和につながるのです。

オススメ音源

楽曲1（→167ページ）　楽曲2（→167ページ）　楽曲3（→168ページ）
楽曲4（→168ページ）　川+蝉（→173ページ）　川+虫（→174ページ）
波音1（→176ページ）

第 4 章

じぶんを高める ポジティブな聞き方

「音を聞く」という、つかみどころのないフワフワした行為が、具体的で主体的に実践可能で、数々の心理的不調を好転できることをお伝えしてきました。

その核となるのは、「注意力（アテンション・メソッド）」と「スルー力（マスキング・メソッド）」。これらの2つの方法を繰り返し説明してきましたので、ぜひ実践していただければと思います。

◌ ニュートラルからポジティブな状態に

でも本当は、ここからが本番の話です。音を聞くことについては、一見ハウツーや方法論と映りがちですが、結局のところ「あなたはどこへ向かって歩きたいのか？」という、人生の根本的な問いにリンクしています。

本書の大半で、困りごとや不快な状態を克服するために有効な音の聞き方を、体系的にお伝えしてきました。いわゆる、ネガティブな心理状態をニュートラルにする、といった方向性です。

もちろん、耐えがたい心理的苦痛が目の前にあって、それをどう克服するかが懸案であることは事実でしょう。

ところがそれだけでは、私たちは幸せになれません。音の聞き方のもう1つの方向である**「ニュートラルな状態からポジティブに変化させる」**ことも同時に開拓しなければ、「人生の質」＝QOL（Quality of Life）は向上しないからです。

その軸となるのは、「じぶんは何を望み、どこに向かって人生を歩んでいきたいのか？」を、具体的に考えることです。その問いを明確にするとともに、音を聞く姿勢を研ぎ澄ますことも、人生の質の向上には欠かせない「直感力」や「感性」を養う点で非常に有効であると、私は考えています。

◌ やってみよう！　サウンドマップ

私の話になりますが、何かモヤモヤしたり、新しい発想が必要なときは、紙1枚とペンを用意します。まず1分間集中して、聞こえてきた音の名前を紙に書きます。ただ無心になって耳に入る音を言葉で表現するのです。

すると、**ふだんはほとんど結びつきのなかった脳の聴覚野と運動野がうまく連動して、思わず集中力が高まり、気分が切りかわります。**

続いて、聞こえた音を絵にしてみます。描き方は自由。10分もあれば、いいでしょう。聞こえた音には空間的な情報があるので、じぶんが書きやすいように紙に描いていくのです。実のところ、世の中にある音は多すぎて、なかなか紙に表現することはできません（図10）。

その間、音を無心に聞いて必死で紙に描くのです。**音は抽象的な感覚刺激です。それを文字にしたり絵にしたりすることは、抽象的な情報を具体化させる高度な情報処理です。その過程で脳の言語中枢が刺激されます。サウンドマップづくりは、脳の活性化につながるのです。**

じぶんの表現の限界と、音を絵にする面白さに取り憑《つ》かれて、思わず「いままで知らなかったじぶんの才能」に触れる機会に恵まれます。

それほど音を聞いて何か行動することは、意外なほどの滋養《じよう》があるのです。

図10 サウンドマップのサンプル

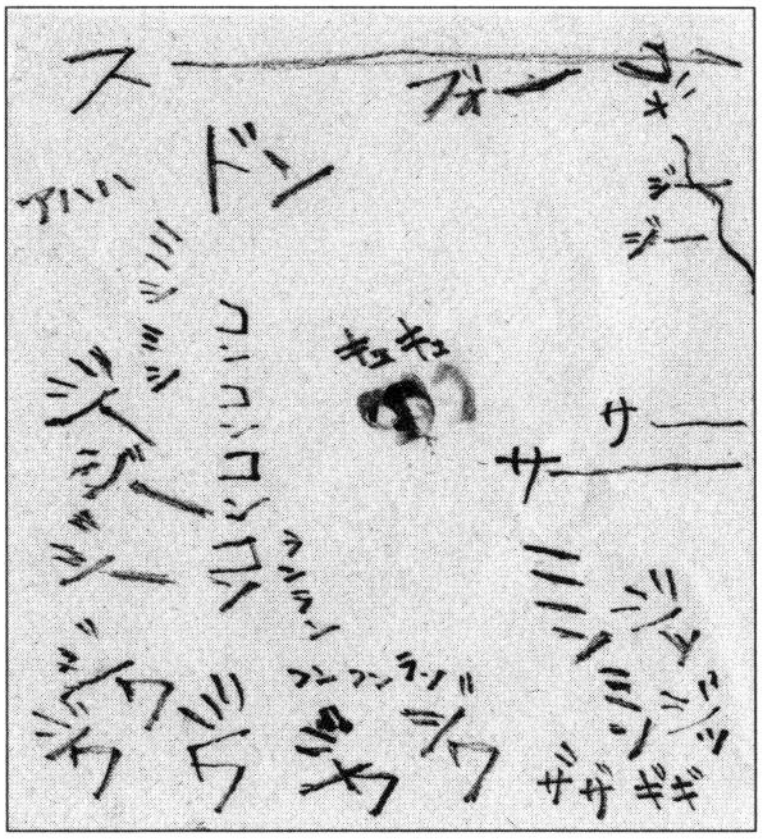

夏の河原に出かけて聞こえてきた音を擬音語で表現した。

大学構内の音を風景としてイラスト化した。

◌

音にはあなたの人生を変える力がある

音から心身の変化を感じたのは、幼少のころでした。隣家の織機の音に心惹《こころひ》かれた話は「まえがき」で紹介しましたが、時々刻々変化する音の聞こえに意識をもっていかれることが、あまりにも多くありました。ハタから見れば、怪しい子どもに映ったことでしょう。とにかく音そのものに気持ちをが引っ張られる不思議さに取り憑かれていたことは事実です。

1990年初頭、大学で卒論のテーマを探しているとき、「音フェチ魂」が復活しました。故郷の丹後にある漁村（京都府与謝《よさ》郡伊根《いね》町）の舟屋《ふなや》風景の美しさについて、景観工学分野の視覚的アプローチで研究していた際、行き詰まっていました。そのとき、ふと思い出したのが「音」の存在だったのです。

音1つで、見える風景に立体感と奥行きが増すのです。同じ風景なのに、音の聞き方を変えるだけで、こんなに世界が変わるんだ！　という気づきは、私の人生を変えました。

音響心理学の研究と環境音楽の制作を20年以上続けられているのも、この発見があったからです。しかも、音の聞き方を変えるためには、高額な機材や厳しい訓練は一切要りません。意識1つで変えられるのです。音聞きは、まるで呼吸するかのように、気持ちのよいことですし、なにしろタダです。音聞きは、タダ遊びのようなもの。

音への注意力と気づきを加えるだけで、世界が変わります。その価値を多くの人に伝え、生きていることのよろこびを実感してほしいと願う気持ちが、私の音活動の原点となっています。

音を聞くことは、じぶんが選択する行動や、考え方に深く影響を与えます。音が影響するのなら、人の生き方をイキイキさせることに、エネルギーを使いたいものです。

そんな発想から、ポジティブな音の聞き方を紹介します。

実行機能を高める
ポジティブな音の聞き方1

実行機能とは、**ある目標に向けて気持ちや行動をコントロールする能力**です。実行機能がうまく働いているときには、いまやるべきことを判断したり認識したりして、スムーズな行動ができます。

その実行機能には**「感情の実行機能」**と**「思考の実行機能」**があって、両者ともに音が影響する可能性があります。

──感情の実行機能

1つ目の「感情の実行機能」とは、感情をうまく制御するアクセルとブレーキのようなもの。じぶんの欲求をしっかり抑えることができるのが理想ですが、ストレスの影響を受けると、うまく働かなくなります。音の聞き方でいえば、**「ストレスを感じる音を回避する」**方法が好ましいでしょう。イヤな音や不快な音があればスグに感知し、その音をスルーする聞き方に切りかえる、という方法が効果的です。

思考の実行機能

2つ目の「思考の実行機能」とは、必要な目標を保ち続ける中で、いくつかの選択肢から1つだけ行動を優先させることです。理想としては、優先順位が高いけれども、行動しにくい項目を積極的に選択すること。イヤと感じる重要な作業があっても率先して片付ける選択が望ましいでしょう。

けれども、なかなか思うようにできません。その際、音の聞き方を変えるのです。いまじぶんが置かれている心境を冷静に把握するために、**じぶんの体外にある音の響きに意識を向け、いま置かれているじぶんの状況を客観化してみる**のです。

そうした音の聞き方をすることが、感情をうまくコントロールしたり、適切な選択肢を導くことにつながっていくのです。

自己肯定感を高める
ポジティブな音の聞き方2

自己肯定感は、自己否定感という対の言葉とセットでとらえるとわかりやすい概念です。

- じぶんは生きる価値がある ⇕ じぶんは生きる価値がない
- 生きていることが楽しい ⇕ 生きていても楽しくない

といった対極の中で、あなたはどの位置にいますか。このとらえ方は、じぶんの意思とは関係なく、自動的に湧き出てしまう思考です（これを「自動思考」といいます）。

自己肯定感を高めるポイントは、まずは「自己受容」することが肝《きも》になります。自己受容とは、「ありのままのじぶんを把握し、抵抗せずに受け止める」こと。自己肯定のポジティブな側面と、自己否定のネガティブな側面を過不足なく認めていくのです。

じぶんのネガティブな点を認識するプロセスには、しんどさがつきまといます。**その際に音や音楽を使い、自己受容をスムーズに乗り越えることを手助けする**方法を紹介します。

音楽心理学の用語で、先述した「同質の原理」があります。これは、アメリカの精神科医であるI.アルトシュラーによって提唱された概念。「最初にあたえる音楽は患者の気分とテンポに同質であるべき」（村井靖児『音楽療法の基礎』）という考え方です。

自己受容のための音楽

自己受容するときによく使われる方法が、「いまのじぶんの気持ちを紙に書く」

というもの。最初にネガティブな感情を1行程度書き出すのですが、そのとき、**じぶんを内省するような音や音楽を背景で流し、ありのままの感情を吐き出す**のです。

たとえば、過去しんどかった時期によく聴いていた音楽を流します。

続いてポジティブな感情の書き出しを行うとき、じぶんを鼓舞するような音や音楽を使うのです。たとえば、**気分が高揚するようなアップテンポの音楽**を流します。

その過程で、目を覆いたくなるような感情や記憶が出てくることもあるでしょう。同時に、思いもよらなかった長所が出てくるかもしれません。

そうした想起を何度か繰り返すうちに、「それでもじぶんには生きる価値がある」と腹の底で体得できたのなら、間違いなく自己肯定感は高まってきています。

音や音楽は、人の感情にダイレクトに染みわたります。それがトリガー(きっかけ)となって、芋づる式にさまざまな記憶や感情が出てくるのです。

じぶんの内面を引っ張り出す音の力を活用することで、じぶん自身を尊重したり楽に生きる道筋が見えてくるのです。

感性を高めるポジティブな音の聞き方3

私たちは、外にある情報を五官（感覚器官）でキャッチし、脳で五感として知覚し、何らかの評価を無意識に行っています。外界の刺激を認識し、反応・判断・表現する能力のことを「感性」とよびます。

感性と似た言葉に、「感受性」があります。外界の刺激を受けて、特定の感情が湧き上がるまでの能力のことを指しますが、インプット止まりです。

その一方で**感性は、外の情報を脳にインプットし、アウトプットするところまで行う能力**のことをいいます。感受性が強いだけだと、感じたという事実に止まり、具体的な行動にまでつなげることはできません。つまり、インプットとアウトプットをセットで行う感性を高める必要があるのです。

感性を高めるメリットは、じぶんのフレームワークが広がり、創造性が高まりやすくなることです。つまり、外から受けた刺激をじぶんなりに解釈し、新しい行動を生み出していけるのです。

たとえば、日常の会話が円滑に行えるようになったり、アイデアが生まれやすくなったり、適切に意思決定できる状態になりやすくなるのです。

感性を高める音の特徴

音の刺激は、感性を柔軟にするのにも役立ちます。

もっと具体的にいえば、脳内の聴覚野を活性化させるとともに、他の感覚（とりわけ視覚）にもよい影響をもたらします。とりわけ視覚と聴覚は互いに影響を及ぼし合っており、同じ風景を見るのにも、音（や音楽）があるのとないのとでは、その印象が大きく変わってきます。これを、「視聴覚の相互作用」といいます。

感性を高める音や音楽には、どんな特徴があるのでしょうか。**音や音楽を聞くだけで、頭の中で特定の情景が浮かんだり、何か行動をしたくなるような音刺激が、**

結果的に感性を高めることにつながります。

自分だけのとっておきの音を用意

たった1つの音からでも、想起される感覚が広がることや、ヤル気が出ることもあります。普遍的に効く音や音楽は残念ながらありませんが、まわりの世界が広がるような音や音楽を、あらかじめ選んでおくことをおすすめします。

たとえば、ふと耳に入ってきた音や音楽によって、心が思わず動いてしまうことがあると思います。

そんなとき、音であれば、音が発生した場所や時間などをメモしておくのです。音楽であれば、曲名や演奏者をメモします。その際のコツは、音や音楽に合わせて、じぶんが感じた心の印象を言葉でタグ付けしておくのです。この曲を聞いたとき、○○な感情になったとか、ポジティブ（またはネガティブ）になったといった事実を記録しておくのです。

すると、**心の不調が出てきたとき、あらかじめストックしていた「じぶんの応援**

曲」「じぶんだけのとっておきの音」が使えるのです。

自分の応援団をつくろう

ただし1曲だけではダメです。日によって気分が変わるので、ぴったりくる曲が違ってくるからです。それから、不調だけに音リストを使うのはもったいないことです。

仕事が終わり一段落したときや、大きな目標が達成したとき、「よくやった、じぶん！」と感じられる曲をあらかじめ選んでおくのもいいでしょう。私設の応援団を雇うことは難しいですが、あらかじめ選んだ曲を見つけておくと、再生ボタンを押すだけで応援してくれます。あるいは、響きのよい音の場所を見つけておくと、その場所に行くだけで自己肯定感が増すのです。

このように、**気持ちが元気なうちに、心の避難経路のような手段を準備しておくことは、先の見えづらい現代をしなやかに生きる力になる**のです。

幸福感を高める ポジティブな音の聞き方4

人が幸福を感じるとき、脳では物質的な変化が起こっています。幸福感を引き起こす脳内物質が分泌され、私たちは幸せな気分を感じているのです。

精神科医の樺沢紫苑《かばさわしおん》は、幸福感には3つの種類があるといっています。「セロトニン」的幸福、「オキシトシン」的幸福、「ドーパミン」的幸福です。

―「セロトニン」的幸福をもたらす音

1つ目は、「セロトニン」的幸福。「やすらぎ」「癒《い》やし」「気分」の幸福をもたらし、前向きな気分が生まれます。音楽でいえば、**ゆったりしたリズムをもち、安らぎのあるメロディが連なる静的な曲**が当てはまるでしょう。

たとえば、ピアノ独奏曲でゆったりしたもの。クラシックでもヒーリング音楽でもかまいません。緊張していた心と身体がほぐれる曲を探してみましょう。

｜「オキシトシン」的幸福をもたらす音

2つ目は、「オキシトシン」的幸福。「つながり」の幸福をもたらし、人と人が交流することによって生み出されます。音楽でいえば、**複数の演奏者が互いの息づかいを感じながら、会話するように演奏を掛け合う曲**が当てはまるでしょう。

たとえば、ジャズのセッション。クラシックの室内楽でもいいでしょう。複数の奏者が親密に音で掛け合い、融合感を生み出す音楽を聴くと、思わず感謝したくなるような気持ちになれます。

｜「ドーパミン」的幸福をもたらす音

3つ目は、「ドーパミン的」幸福。ヤル気による幸福感で、「達成感」「高揚感」といった満足感をもたらします。音楽でいえば、**動きのあるリズムをもち、テンポ**

の速い動的な曲が当てはまるでしょう。

たとえば、ビートの効いたリズム感あるアップテンポの曲。ロックでもヒップホップでも、心身にズンズンと響きわたるエネルギッシュな曲が相応しいでしょう。ほどよいテンポに身を浸していると、深い滋養とみなぎるエネルギーがあふれ出してきます。

ただ物事は、単純ではありません。3つの幸福感は、どれかが突出しても幸せにはなれないのです。まずは「セロトニン」的幸福と「オキシトシン」的幸福が土台にあって心身が安定するのです。

ピアニストのグレン・グールドは、芸術が人の心にもたらす効用を「驚きと落ち着き」の2つがあると語っています。これはまさに、どちらかが抜けていても真の幸福にはならないことを意味しています。

それぞれの幸福感を引き出すような音や音楽に出会い、安定した持続力をもたらすことに役立てていきましょう。

人生の質を高める
ポジティブな音の聞き方5

本書を通して、音にはネガティブな側面とポジティブな側面があり、それぞれの特性に対応した「音の聞き方」があることを、具体的に伝えてきました。

音は脳で感受するものです。その好悪《こうお》を判断しているのは、私たちの主観。耳に入る前の音は空気の波動にすぎません。音の出現は、ニュートラルな物理現象なのです。

ところが人間は面白いことに、物理現象である空気の振動を耳で受け止め、脳に入力することによって、特定の心理状態に導かれるのです。まったく耐えきれない音は別にしても、まずはニュートラルな心持ちで、音を受け入れる姿勢が重要ではないでしょうか。

難しいことかもしれませんが、聞こえてくる音の好悪を、まずは判断しないことです。

どんな音であれ、ふと偶然に聞いてしまうのが、音を聞く本質です。せっかく耳に入る音だからこそ、「音は出会うもの」という意識をもつことが重要です。そこから心理が変化することは致し方ありません。変化したことをまずは受け止め、適切な対処法を行うことが望ましいのです。

音のことを話せば話すほど、人生の本質を追究する哲学の領域に近くなってきました。

そう！ **音を聞くことは、じぶんの人生をどう生きるのかという問いかけにつながっている**のです。そうした姿勢をもとに、音を聞くことのメソッド（略して『音キキメソッド』）をここで紹介したいと思います。

ルール1 「人生の歩む方向」を自覚する

音を聞くことは、手段や方法論にすぎません。大切なのは、あなたがどの方向に向かって歩んでいきたいのか、ということ。つまり、人生の価値をじぶんが決めるのです。そのために、**日々の暮らしの中で聞くべき音、避けるべき音を具体的に選んでいけばいい**のです。

ルール2 「聴覚的フレーム」だけ変える

音を聞くことを大げさに考えなくても大丈夫です。じぶんを変えるのではなく、「音の聞き方＝聴覚的フレーム」を変えるだけ。それだけで、日々の生活はラクに豊かになります。あなたは**「行きたい場所＝人生の価値」さえ決めればいい**のです。そして、いまよりほんの少しだけ音を意識してみましょう。

ルール3 音から感じる「感性」を大切にする

音の刺激はダイレクトに脳に届きます。音を聞いた第一印象は、じぶんの正直な気持ちを表しています。ネガティブなのかポジティブなのか。音に我慢をしているのか、心が震える響きなのか……。**音に反応する感性を大切にすれば、じぶんの心**

に逆らうことのない「素直な判断」が下せるのです。

ルール4「ネガティブな音」からとことん逃げる

我慢が一番禁物です。イヤと感じる音に敏感になり、素直にじぶんの反応を受け入れましょう。そして、その音（あるいは音源）から**できるだけ距離を置く方策を具体的に考えること。**これが、じぶんの心身を安全に保つための重要な行動です。

ルール5「ポジティブな音」をじっくり味わう

人生の中でもったいないことの1つは、身近にある大切な音をスルーしてしまうことです。忙しく時間のない日常では、そんな余裕をもつことは難しいかもしれません。

でも、**「あ、いいな」と感じた音があれば、少し立ち止まって、その音をじっくり感受する**意識をもつこと。いまこの瞬間にも、かけがえのない人生の一コマの音が存在しています。ポジティブに音を味わう気持ちを、時にはもちましょう。

おわりに　音の選択で人生が変わる

音は、心の栄養にも毒にもなります。残念なことに現代社会では、毒になりやすい音の環境が蔓延《まんえん》するようになってきました。できることなら、心地よい音に取り囲まれて暮らしたいものです。

ところが、ネガティブな音からくる心身の不調＝聴覚疲労の症状を訴える人が増えてきているることは事実です。これは単純に音の問題ではなく、人間関係や健康の悩みなど、心理的な不快感が聴覚疲労の度合いを大きくしていることが要因となっています。

本書で最も伝えたかったことは、いままで意識してこなかった「音の聞き方」を変えて、ネガティブな音からじぶんの身を護ってほしい、ということです。

具体的には2つの方法論（アテンション・メソッドとマスキング・メソッド）を活用して、あなたが置かれている症状や音環境に対応した「音の聞き方」を積極的に行ってほしいことを、本書で伝えました。

私自身、もうすぐ50歳になります。10年ほど前から耳鳴りが気になっています。左の耳は高めの、右の耳は低めの耳鳴りが持続的に発生していて、ふだんの活動ではあまり気にしないものの、疲れたときや就寝前に感じられることが結構ありました。

そんなとき、いままでじぶんがたどってきた音の研究（音響心理学）のことを反芻《はんすう》しました。人が音に向ける注意力のあり方や、音が音で聞こえづらくなるマスキング現象をうまくアレンジできないかという発想が湧き上がりました。

耳鳴りをはじめ、音からくる心身の不調を感じる人たちに向けて、学術的な知見と音フェチ魂が融合し、今回音キキメソッドが開発できたのです。

その実現には、適切なマスキング音が必要でした。私が30年近く貯めてきた門外不出の環境音のフィールドレコーディング・データを探していると、奇跡的に素晴らしい音の記録が見つかったのです！　それをじぶんの手で編集・マスタリングし、本書に収めることが幸運にもできました。

じつのところ、ネガティブな音を防御することだけに意識を向けても、人生は充実しません。その対極的な効果をもつ音の聞き方、つまり人の心をポジティブにし、生きる力を実感できる音キキの方法も大切なのです。

私自身、つねに音に助けられています。文章を執筆しているいまこの瞬間にも、家族の生活音が聞こえ、なごやかな声が耳に届きます。気分転換のために外に出ると、京都市内の街の活動音をはじめ、鴨川や糺《ただす》の森から聞こえる自然音が、心を潤してくれます。

物事には両側面が必ずあります。

音の聞き方1つ取っても、良い面と悪い面が同時に存在します。その都度じぶんの意識で、いま心が欲している音の響きをつかみ取り、より充実した人生を切り拓いていかれることを、心より願っております。

最後になりましたが、ここまでお読みいただいた読者のみなさま、そして、出版のご縁をいただいたフォレスト出版に、心からの感謝を申し上げます。

２０２０年　10月

小松　正史

付録　マスキング音の詳解

楽曲1

半自動演奏ピアノのハーモニーとチェロによる合奏です。明るめでゆったりした楽曲なので、多くの場面に対応可能なマスキング音となっています。音のテクスチャー（肌理《きめ》）が微細に変化するので、じっくり聞いてみると、音域の豊かさに驚くでしょう。

http://frstp.jp/ot1

楽曲2

半自動演奏ピアノを使った楽曲です。左右で微妙にズレのあるピアノ音が連打されるので、音の広がりと立ち上がりを楽しんでいただけます。静かな曲ですが、音の数が多いので、さまざまな音をマスキングしやすくなっています。オルゴールのようでそうでない、まったく新しい音の響きをお楽しみください。

http://frstp.jp/ot2

楽曲3

響きの少ないピアノによって、即興的に奏でた静かめな楽曲。ソフトな音色なので、楽曲でありながら背景としても聞けるように工夫しています。繰り返しによる下降系の音型をもつので、安心してずっと聞いていられる曲となっています。落ち着きを取り戻すときにお使いください。

http://frstp.jp/ot3

楽曲4

2種類のソフトシンセを使った、おだやかでゆったりした楽曲。持続音を多用しているので、マスキングしたい音がやや強めのときに効果を発揮します。音域の限られた繰り返しのハーモニーを使っているので、安心してお使いいただけます。高音域・中音域・低音域が周期的に変化するので、飽きることがありません。

http://frstp.jp/ot4

水琴窟（写真1）

京都市内の公園にある水琴窟。

焼き物の瓶《かめ》を逆にして地中に埋め、穴が開けられた上部から水を落とすと、底に溜まっていた水面に落下して、独特の響きのよい音が瓶じゅうに響きわたります。これが水琴窟の仕組みです。

まるで水で奏でられた琴が、洞窟で響き渡っているように感じられます。多様な周波数を持つ音なので、ずっと聞いていたい水滴音です。

http://frstp.jp/ot5

写真1

織機（写真2）

　ちりめんの産地である丹後地方で収録した織機の音です。

http://frstp.jp/ot6

　同じタイミングで音が織り成されるので、まるでミニマル音楽を聞いている気持ちになります。音量の大きい機械音でありながら、違和感を感じさせないのは、機械の駆動音が微妙にゆらいでいるから。

　この不思議な音は、音の大きい不快音をうまくマスキングする作用があります。

写真2

脱穀機（写真3）

丹後地方の民家にある回転式脱穀機の音。

稲籾《いねもみ》の外皮を取るときに使う農機具で、人がペダルを踏んでドラムを廻《まわ》しつつ稲藁《いなわら》を手前に引っ張るように使います。踏んで止まる寸前の動作音が絶妙で、なかなか止みません。

機械音でありながら人間味あふれる脱穀機の音は、同じ音がずっと続くのがイヤな人のためのマスキング音となるでしょう。

http://frstp.jp/ot7

写真3

焚き火（写真4）

丹後地方の民家にある竈《かまど》で、お米を炊くときに付けた火の音。

http://frstp.jp/ot8

ときおり不意に「パチッ」という炭が飛び散る音があります。音が不規則に変化するので、自然なゆらぎを存分に味わえます。火の音は予測不能なので、いつでも新鮮な感覚を与えてくれます。

不思議な落ち着きを感じさせる音なので、昔の記憶を思い出すのにも効果があります。

写真4

川十蝉（写真5）

真夏の滋賀県内（米原《まいばら》市）で収録した音。

http://frstp.jp/ot9

近くからは川のせせらぎ、遠くからは木々にいるミンミンゼミの鳴き声がほどよくブレンドされています。音量が一定している自然音なので、安定したマスキング音として使用できます。

清涼感を味わうには、うってつけの音源です。

写真5

川十虫（写真6）

秋の京都市内（大原地区）で収録した音。

近くの川と虫の声が登場します。虫の声は一定のリズムで鳴き続けます。わりに目立つ音色であり、川の音は安定して響くので、マスキング音として最適です。

http://frstp.jp/ot10

自然の中にいるような気持ちになって、不快な音環境を少しでも散らしていきましょう。

写真6

葉擦れ音（写真7）

京都市内の森林で収録した木々の葉擦れ音。

風量と風向によって、葉擦れ音の音量に変化が生まれます。それがゆらぎとなるので、自然の響きを存分に感じることができます。同じ音が鳴り続いている状態に違和感のある方は、音量が変化する葉擦れ音を使うのが効果的です。

音量の変化にリズム感を感じることができ、疲れを感じさせにくくなっています。

http://frstp.jp/ot11

写真7

波音1（写真8）

丹後地方（京都府宮津市溝尻地区）で収録した波音。

内海なので、小刻みのリズムがおだやかに響きわたります。変動する音なので、強くマスキングする場合には不向きですが、寝る前や気持ちをリフレッシュする場合には、絶大な効果を発揮します。

音の立体感に配慮して収録したので、目を閉じてきくと、沿岸の水辺の風景をイメージしていただけるでしょう。

http://frstp.jp/ot12

写真8

滝音（写真9）

那智《なち》の大滝（和歌山県那智勝浦町）。

133メートルの高さから、垂直の断崖に沿って滝《たき》壺《つぼ》に落下する音です。一定の音量に聞こえますが、自然音独特のゆらぎや音量の変化を感じることができます。だからこそ飽きずに聞けるので、マスキング音に適しているのです。

高周波数帯域の音を含んおり、さまざまな種類の音をマスキングすることができます。

http://frstp.jp/ot13

写真9

川音（写真10）

京都市内（高《たか》瀬《せ》川《がわ》取水口）の川音。

http://frstp.jp/ot14

川に堰《せき》があるので、しぶきを上げて落下する水音が発生します。その音は細かい音の成分が含まれており、ホワイトノイズに近い音色となっています。そのため、多くの音をマスキングしやすいのです。録音する際にはマイクと音との距離が大切です。ほどよい音色の川音を収録するように努めました。

耳をそばだてると、さまざまな位置から落下音が聞こえてきます。

写真10

波音2（写真11）

沖縄県（八重山《やえやま》諸島の鳩間《はとま》島《じま》）で収録した波音。

波音といっても、遠くのリーフ（珊瑚礁《さんごしょう》）に当たる外海の音で、音量は一定です。まろやかな音色の低い音なので、低音域の不快感を散らすことができます。ときおり聞こえてくるのは、ヤモリと虫の鳴き声。近くからは砂浜に届くノーマルな波音も聞こえてきます。

多様な自然音が含まれているからこそ、安心しておだやかな気持ちになれるのです。

http://frstp.jp/ot15

写真11

主要参考文献

イルセ・サン(枇谷玲子訳)『鈍感な世界に生きる敏感な人たち』ディスカヴァー・トゥエンティワン、2016年
大串健吾『音響聴覚心理学』誠信書房、2019年
大串健吾、桑野園子、難波精一郎監修『音楽知覚認知ハンドブック』北大路書房、2020年
小渕千絵『APD「音は聞こえているのに聞きとれない」人たち』さくら舎、2020年
樺沢紫苑『精神科医が教えるストレスフリー超大全』ダイヤモンド社、2020年
栗本啓司『聴覚過敏は治りますか?』花風社、2018年
小林弘幸『ゆっくり生きれば、遠くまでいける』大和書房、2012年
小松正史『サウンドスケープのトビラ』昭和堂、2013年
小松正史『1分で「聞こえ」が変わる耳トレ!』ヤマハミュージックメディア、2017年
小松正史『毎日耳トレ!』ヤマハミュージックメディア、2018年
小松正史『人と空間が生きる音デザイン』昭和堂、2020年

小松正史（華園力監修）『発達が気になる子のイヤートレーニング』ヤマハミュージックメディア、２０２０年
阪原淳『直線は最短か？』ヤマハミュージックメディア、２０２０年
下條信輔『「意識」とは何だろうか』講談社現代新書、１９９９年
鈴木惣一朗『耳鳴りに悩んだ音楽家がつくったＣＤブック』ＤＵ　ＢＯＯＫＳ、２０１８年
ピーター・グルンワルド（片桐ユズル訳）『アイ・ボディ』誠信書房、２００８年
ポーリン・オリヴェロス（若尾裕、津田広志訳）『ソニック・メディテーション』親水社、１９９８年
山下良道『本当の自分とつながる瞑想』河出書房新社、２０２０年
村井靖児『音楽療法の基礎』音楽之友社、１９９５年
森博嗣『アンチ整理術』日本実業出版社、２０１９年
森口佑介『自分をコントロールする力』講談社、２０１９年

■ウェブページ

JISZ8731:2019 環境騒音の表示・測定方法<https://kikakurui.com/z8/Z8731-2019-01.html>

小松正史（こまつまさふみ）

音響心理学者・京都精華大学教授・京都芸術大学客員教授・環境音楽家（JASRAC会員）・背景音プロデューサー。

1971年、京都府宮津市生まれ。大阪大学大学院（工学研究科・環境工学専攻）修了。博士（工学）。音楽だけではない「音」に注目し、それを教育・学問・デザインに活かす。学問の専門分野は、音響心理学とサウンドスケープ論。BGMや環境音楽の制作、河瀬直美監督の映画作品をはじめ、多数の映像作品への楽曲提供、音楽監督を務める。また、京都タワー・京都国際マンガミュージアム・京都丹後鉄道・耳原総合病院などの公共空間の音環境デザインも手掛けている。聴覚や身体感覚を研ぎ澄ませる、独自の音育（おといく）ワークショップも全国各地で実践。

著書にロングセラー『耳トレ！』シリーズ（ヤマハミュージックメディア）など。

心の不調が消える **聞くだけ音トレ！**

2020年12月4日　初版発行

著　者	小松正史
発行者	太田宏
発行所	フォレスト出版株式会社
	〒162-0824
	東京都新宿区揚場町2-18白宝ビル5F
電　話	03-5229-5750（営業）
	03-5229-5757（編集）
URL	http://www.forestpub.co.jp
印刷・製本	日経印刷株式会社

ISBN978-4-86680-106-3　Printed in Japan

心の不調が消える

聞くだけ音トレ！

本書の読者へ
著者から無料プレゼント！

もっと心の不調が消える

特別マスキング音

ストリーミング

数々の音のフィールドワークの中から、
奇跡的に収録できた3つの音源を特別に提供します。
珍しい音源で、心をポジティブにさせ、
強力なマスキング音にもなるという、
3拍子揃ったスペシャル音源です。
ぜひ、日々の生活の中でご活用ください。

無料プレゼントを入手するにはコチラへアクセスしてください

http://frstp.jp/ototore

*無料プレゼントのご提供は予告なく終了となる場合がございます。
*プレゼントはストリーミング専用であり、音声ファイルをダウンロードすることはできません。あらかじめご了承ください。